185 Recetas de Comidas Y Batidos de Fisiculturismo Para Que Se Vea Increíble

¡Cree un cuerpo esculpido y marcado en la mitad del tiempo!

Por

Joe Correa CSN

DERECHOS DE AUTOR

© 2016 Live Stronger Faster Inc.

Todos los derechos reservados

La reproducción o traducción de cualquier parte de este trabajo, más allá de lo permitido por la sección 107 o 108 del Acta de Derechos de Autor de los Estados Unidos, sin permiso del dueño de los derechos es ilegal.

Esta publicación está diseñada para proveer información precisa y autoritaria respecto al tema en cuestión. Es vendido con el entendimiento de que ni el autor ni el editor están envueltos en brindar consejo médico. Si éste fuese necesario, consultar con un doctor. Este libro es considerado una guía y no debería ser utilizado en ninguna forma perjudicial para su salud. Consulte con un médico antes de iniciar este plan nutricional para asegurarse que sea correcto para usted.

RECONOCIMIENTOS

La realización y éxito de este libro no habría sido posible sin la motivación y soporte de mi familia entera.

185 Recetas de Comidas Y Batidos de Fisiculturismo Para Que Se Vea Increíble

¡Cree un cuerpo esculpido y marcado en la mitad del tiempo!

Por

Joe Correa CSN

CONTENIDOS

Derechos de Autor

Reconocimientos

Acerca del Autor

Introducción

Calendario de Fisiculturismo

Recetas de Comidas Para Fisiculturismo

Recetas de Batidos Para Fisiculturismo

Calendario Para Reducir Grasas

Recetas de Comidas Para Reducir Grasas

Recetas de Jugos Para Reducir Grasas

Otros grandes títulos de este autor

ACERCA DEL AUTOR

Como un nutricionista deportivo certificado, honestamente creo en los efectos positivos que la correcta nutrición puede tener en el cuerpo y mente. Mi conocimiento y experiencia me ha ayudado a vivir más sanamente a través de los años, y el cual he compartido con mis amigos y familia. Cuanto más usted sepa de comer y beber sano, más temprano querrá cambiar su vida y hábitos alimenticios.

Ser exitoso en el control de su peso es importante ya que mejorará todos los aspectos de su vida.

La nutrición es una parte clave en el proceso de ponerse en mejor forma y de eso se trata este libro.

INTRODUCCION

185 Recetas de Comidas y Batidos de Fisiculturismo Para Que Se Vea Increíble le ayudará a empacar muchas proteínas en su dieta y reducir el consumo de grasas, para obtener un cuerpo esculpido y marcado. Las recetas de comidas y bebidas, junto con el calendario, le ayudarán a incrementar la masa muscular y perder grasa de forma acelerada y organizada, para que pueda programas qué come y cuándo.

Asegúrese de saber qué está comiendo preparándolo usted mismo, o teniendo a alguien que lo haga por usted.

Este libro lo ayudará a:

- Incrementar la masa muscular para verse más grande y fuerte.

- Reducir el exceso de grasa en su cuerpo.

- Tener más energía durante el entrenamiento.

- Acelerar naturalmente su metabolismo.

- Mejorar cómo se ve y se siente.

Joseph Correa es un nutricionista deportivo certificado y un atleta profesional.

CALENDARIO DE FISICULTURISMO

Semana 1

Día 1:

Desayuno Madrugador

Aperitivo: Yogurt de arándanos

Hamburguesa de atún y ensalada

Aperitivo: Tomates Cherry con Queso Cottage

Bowl de Proteínas al estilo mexicano

Día 2:

Panqueques de Limón y Arándanos

Aperitivo: Tostada con Aguacate

Kebab Picante de Filete de Ternera

Aperitivo: Manzana y Mantequilla de maní

Pescado Mediterráneo

Día 3:

Bowl Potente

Aperitivo: Yogurt con Frutas Tropicales

Pechuga de pollo rellena con arroz integral

Aperitivo: Pimiento morrón con Queso Cottage

Cena Vegana

Día 4:

Smoothie de Leche de Almendra

Aperitivo: Taza de Palomitas

Abadejo enrollado en Panceta con Papas

Aperitivo: Yogurt con fresas de Goji secas

Humus al ajo

Día 5

Yogurt Griego con Linaza y Manzana

Aperitivo: Pastel de Arroz con Mantequilla de Maní

Salmón horneado con espárragos asados

Aperitivo: Tallos de Apio con queso de cabra y aceitunas verdes

Pollo con Ensalada de Aguacate

Día 6:

Desayuno "Piza"

Aperitivo: Yogurt Griego con Fresas

Envueltos Caesar con pollo

Aperitivo: Garbanzos asados

Bacalao Caliente

Día 7:

Aros de Pimiento Morrón con Sémola Frita

Aperitivo: Mix de frutos secos

Carne de Res y Fideos de brócoli

Aperitivo: Jamón y Tallos de apio

Ensalada de Pollo y Rúcula

Semana 2

Día 1:

Magdalenas de Proteína de Suero

Aperitivo: Tostada con Aguacate

Ensalada de camarones y fideos de calabaza

Aperitivo: Manzana y Mantequilla de maní

Hamburguesa de Tofu

Día 2:

Desayuno Moca Mexicano

Aperitivo: Yogurt con Fresas de Goji Secas

Trucha con Ensalada de Papa

Aperitivo: Taza de Palomitas

Pollo con Ananá y Pimientos

Día 3:

Salmón Ahumado y Tostada con Aguacate

Aperitivo: Tomates Cherry con Queso Cottage

Pollo Especiado

Aperitivo: Yogurt de arándanos

Setas a la plancha y Hamburguesa de Calabaza

Día 4:

Smoothie de Fruta y Mantequilla de maní

Aperitivo: Garbanzos asados

Chile de Frijoles Mexicanos

Aperitivo: Yogurt Griego con Fresas

Pollo Agridulce

Día 5:

Revuelto Repleto de Proteínas

Aperitivo: Pimiento Morrón con Queso Cottage

Pastel de carne de Pavo con Cuscús de trigo Integral

Aperitivo: Yogurt con Fruta Tropical

Rodaballo con Mostaza de Dijon

Día 6:

Panqueques Proteicos de Pastel de Calabaza

Aperitivo: Jamón y Tallos de Apio

Arroz Mediterráneo

Aperitivo: Mix de Frutos Secos

Fusión de atún

Día 7:

Pimientos Rellenos de Atún

Aperitivo: Tallos de Apio con Queso Cabra y Aceitunas Verdes

Pasta con espinaca y albóndigas de Ternera

Aperitivo: Pastel de Arroz con Mantequilla de Maní

Bowl de Sushi

Semana 3

Día 1:

Avena Alta en Proteínas

Aperitivo: Taza de Palomitas

Huevos Rellenos con Pan de Pita

Aperitivo: Manzana y Mantequilla de Maní

Bandeja de pollo Horneado

Día 2:

Desayuno Madrugador

Aperitivo: Tostada con Aguacate

Fideos de Brócoli y Carne de Res

Aperitivo: Yogurt con Fresas de Goji secas

Humus al Ajo

Día 3:

Bowl Poderoso

Aperitivo: Yogurt Griego con Fresas

Envueltos Caesar con Pollo

Aperitivo: Tomates Cherry con Queso de Cabra

Pescado Mediterráneo

Día 4:

Panqueques de Limón y Arándanos

Aperitivo: Garbanzos tostados

Salmon Horneado con Espárragos Asados

Aperitivo: Yogurt de Arándanos

Ensalada de Pollo y Rúcula

Día 5:

Yogurt Griego con Linaza y Manzana

Aperitivo: Jamón y Tallos de Apio

Hamburguesa de atún y Ensalada

Aperitivo: Yogurt con Frutos Tropicales

Pollo con Ensalada de Aguacate

Día 6:

Aros de Pimientos con Sémola Frita

Aperitivo: Pimientos con Queso Cottage

Pechuga de Pollo Rellena con Arroz integral

Aperitivo: Mix de frutos secos

Bacalao Caliente

Día 7:

Smoothie de Leche de Almendras

Aperitivo: Pastel de Arroz con Mantequilla de maní

Kebabs Picantes de Filete de Ternera

Aperitivo: Tallos de Apio con Queso Cabra y Aceitunas Verdes

Bowl Proteico Estilo Mexicano

Semana 4

Día 1:

Desayuno "Piza"

Aperitivo: Yogurt Griego con Fresas

Abadejo Envuelto en Panceta con Papas

Aperitivo: Taza de Palomitas

Cena Vegana

Día 2:

Desayuno Moca Mexicano

Aperitivo: Tomates Cherry con Queso Cottage

Arroz Mediterráneo

Aperitivo: Manzana y Mantequilla de Maní

Setas a la plancha y Hamburguesa de Calabaza

Día 3:

Smoothie de Fruta Y Mantequilla de Maní

Aperitivo: Tostada con Aguacate

Ensalada de camarones y fideos de calabaza

Aperitivo: Yogurt de Arándanos

Pollo Agridulce

Día 4:

Panqueques Proteicos de Pastel de Calabaza

Aperitivo: Yogurt con Fresas de Goji secas

Pollo Especiado

Aperitivo: Garbanzos tostados

Rodaballo con Mostaza de Dijon

Día 5:

Salmón Ahumado y Tostada con Aguacate

Aperitivo: Jamón y Tallos de Apio

Pasta con Espinaca y Albóndigas de Ternera

Aperitivo: Mix de Frutos Secos

Hamburguesa de Tofu

Día 6:

Avena Alta en Proteínas

Aperitivo: Pimientos con Queso Cottage

Chile de Frijoles Mexicanos

Aperitivo: Yogurt con Frutas Tropicales

Bowl de Sushi

Día 7:

Revuelto Repleto de Proteínas

Aperitivo: Pastel de Arroz con Mantequilla de Maní

Trucha con Ensalada de Papa

Aperitivo: Yogurt Griego con Fresas

Bandeja de Pollo Horneado

2 días extras para un mes entero:

Día 1:

Magdalenas de Proteína de Suero

Aperitivo: Tallos de Apio con Queso Cabra y Aceitunas Verdes

Pastel de carne de Pavo con Cuscús de trigo Integral

Aperitivo: Manzana y Mantequilla de Maní

Fusión de Atún

Día 2:

Pimientos Rellenos de Atún

Aperitivo: Yogurt de Arándanos

Huevos Rellenos con Pan Pita

Aperitivo: Mix de Frutos Secos

Pollo con Ananá y Pimientos

RECETAS DE COMIDAS PARA FISICULTURISMO

Desayuno

1. Desayuno Madrugador

Ajuste su cuerpo fuera de un estado catabólico y dentro de uno de desarrollo muscular con este desayuno alto en proteínas y carbohidratos cocido al horno. El pomelo y los espárragos le asegurarán más de la mitad de la Vitamina C necesaria por día.

Ingredientes (1 porción):

6 claras de huevo

½ taza mix de Quínoa cocida y Arroz integral

3 espárragos, rebanados

½ pomelo rosado

1 pimiento morrón pequeño, rebanado

1 cuchara polvo de proteína de suero sin sabor

1 diente de ajo aplastado

Spray de aceite de oliva

Pimienta, sal

Tiempo de Preparación: 10 min

Tiempo de Cocción: 15-20 min

Preparación:

Precalentar el horno a 200°. Rociar con aceite de oliva una sartén de hierro.

En un bowl mediano, batir las claras de huevo con un poco de sal y pimienta hasta que quede espumoso.

Agregar el arroz integral cocido y la quínoa a la sartén; verter las claras de huevo y luego las piezas de espárragos y las rebanadas de pimiento morrón.

Cocinar en el horno por 15-20 minutos o hasta que los huevos estén cocidos.

Valor nutricional por porción: 407kcal, 52g proteína, 40g carbohidratos (5g fibra, 8g azúcar), 2g grasas, 15% calcio, 12% hierro, 19% magnesio, 26% Vitamina A, 63% Vitamina

C, 48% Vitamina K, 12% Vitamina B1, 69% Vitamina B2, 26% Vitamina B9.

2. Tasa Potente

Un desayuno con un nombre apropiado, el bowl potente combina grandes cantidades de proteína en las claras de huevo con el estímulo enérgico de la avena. Las nueces agregan grasas saludables y la miel completa con un poco de dulzor.

Ingredientes (1 porción):

6 claras de huevo

½ taza de avena instantánea cocida

1/8 taza de nueces

¼ taza bayas

1 cucharadita de miel cruda

Canela

Tiempo de Preparación: 10 min

Tiempo de Cocción: 5 min

Preparación:

Batir las claras de huevo hasta que estén espumosas y luego cocinarlas en una sartén a baja temperatura.

Combinar la avena y las claras de huevo en un bowl; agregar la canela y la miel, y mezclar.

Rematar con bayas, banana y nueces.

Valor nutricional por porción: 344kcal, 30g proteína, 33g carbohidratos (3g fibra, 23g azúcar), 11g grasas (2 saturadas), 10% hierro, 15% magnesio, 10% Vitamina B1, 11% Vitamina B2, 15% Vitamina B5.

3. Pimientos Rellenos de Atún

Esta es una receta rápida y nutritiva que provee una gran Cantidad de B12. Alto en proteínas, el atún es una opción de desayuno excelente para el desarrollo muscular. Si quiere agregar algunos carbohidratos, una gran elección es una pieza de tostada de trigo.

Ingredientes (2 porciones):

2 latas de atún en agua (185g)

3 huevos duros

1 cebolla

5 encurtidos en cubos

Sal, Pimienta

4 Pimientos, cortados al medio, sin semillas

Tiempo de Preparación: 5 min

Tiempo de Cocción: 10 min

Preparación:

Combinar el atún, huevos, cebolla, encurtidos y el aderezo en una procesadora y mezclar hasta que quede homogéneo.

Rellenar las mitades de los Pimientos con la mezcla y servir.

Valor nutricional por porción: 480kcal, 46g proteína, 16g grasas (4g saturadas), 8g carbohidratos (2g fibra, 4g azúcar), 28% magnesio, 94% Vitamina A, 400% Vitamina C, 12% Vitamina E, 67% Vitamina K, 18% Vitamina B1, 32% Vitamina B2, 90% Vitamina B3, 20% Vitamina B5, 56% Vitamina B6, 18% Vitamina B9, 284% Vitamina B12.

4.   Yogurt Griego con Linaza y Manzana

Diversifíquese del desayuno tradicional de claras de huevo y pruebe un poco de Yogurt griego alto en proteína sazonado con manzana. Use linaza para maximizar su ingesta de fibra y déjela en remojo por la noche para ablandarla y facilitar la digestión.

Ingredientes (1 porción):

1 taza yogurt griego

1 manzana finamente rebanada

2 cucharadas linaza

¼ cucharadita canela

1 cucharadita de Stevia

Una pizca de sal

Tiempo de Preparación: 5 min

Tiempo de Cocción: 45 min

Preparación:

Precalentar el horno a 190°C. Poner las rebanadas de manzana en una sartén antiadherente, rociarlas con canela, Stevia y un poco de sal, cubrirlas y cocinar por 45 minutos. Removerlas del horno y dejar enfriar por 30 minutos.

Poner el yogurt griego en un bowl y luego poner las manzanas y la linaza por encima, y servir.

Valor nutricional por porción: 422kcal, 22g proteína, 39g carbohidratos (7g fibra, 22 g azúcar), 21g grasas (8 g saturadas), 14% calcio, 22% magnesio, 14% Vitamina C, 24% Vitamina B1, 13% Vitamina B12.

5.   Anillos de Pimientos con Sémola Frita

Una comida sabrosa y vistosa, los anillos de pimiento con sémola frita estimulan sus músculos y le dan la suficiente energía para potenciarlo durante el día. Lleno de color y nutrientes, este desayuno es alto en Vitamina B1.

Ingredientes (1 porción):

6 claras de huevo

2 huevos

¼ taza de arroz integral

1 taza de espinaca cruda

½ Pimiento verde

1 taza de tomates cherry

Spray de aceite de oliva

Sal, Pimienta

Tiempo de Preparación: 10 min

Tiempo de Cocción: 15 min

Preparación:

Batir las claras de huevo con un poco de sal y pimienta hasta que quede espumosa. Calentar un poco de aceite en una freidora antiadherente y cocinar las claras y el arroz integral. Agregar la espinaca, mezclar y cocinar hasta que se haya marchitado.

Rociar una sartén con aceite de oliva y poner a fuego medio. Cortar los pimientos horizontalmente para crear 2 anillos, ponerlos en la sartén y partir los huevos dentro de los pimientos. Dejarlos cocinar hasta que el huevo se vuelva blanco.

Poner la mezcla de huevo, arroz y anillos de pimiento en un plato y servir con tomates cherry.

Valor nutricional por porción: 495kcal, 45g proteína, 45g carbohidratos (3g fibra, 7g azúcar), 11g grasas (3g saturadas), 9% calcio, 14% hierro, 20% magnesio, 35% Vitamina A, 32% Vitamina C, 91% Vitamina B2, 22% Vitamina B5, 12% Vitamina B6, 15% Vitamina B12.

6.   Smoothie de Leche de Almendra

Solo necesitará de 10 minutos para realizar este Smoothie rico en Vitamina D y B1. Puede hacer mucho y dejarlo en el refrigerador, haciendo de este Smoothie una perfecta opción para un desayuno rápido.

Ingredientes (2 porciones):

1 taza de leche de almendra

1 taza de mix de bayas congeladas

1 taza de espinaca

1 cuchara polvo proteico sabor banana

1 cucharada de semillas de chía

Tiempo de Preparación: 10 min

Sin cocción

Preparación:

Mezclar todos los ingredientes en una licuadora hasta obtener una mezcla homogénea. Verter en 2 vasos y servir.

Valor nutricional por porción: 295kcal, 26g proteína, 32g carbohidratos (4g fibra, 13g azúcar), 9g grasas, 40% calcio, 20% hierro, 12% magnesio, 50% Vitamina A, 40% Vitamina C, 25% Vitamina D, 57% Vitamina E, 213% Vitamina B1, 18% Vitamina B9.

7. Panqueques Proteicos de Pastel de Calabaza

Olvídese de la harina y pruebe panqueques de avena con una deliciosa adhesión de calabaza. Bañe con un poco de jarabe sin calorías y disfrute un desayuno alto en proteínas que sabe tan bien como una comida tramposa.

Ingredientes (1 porción):

1/3 taza de avena

¼ taza de calabaza

½ taza claras de huevo

1 cuchara polvo proteico de canela

½ cucharadita canela

Spray de aceite de oliva

Tiempo de Preparación: 5 min

Tiempo de Cocción: 5 min

Preparación:

Mezclar todos los ingredientes juntos en un bowl. Rociar una sartén mediana con aceite de oliva y poner a fuego medio.

Verter la mezcla, y una vez que vea burbujas pequeñas aparecer sobre el panqueque, dar vuelta. Cuando ambas caras estén doradas, retirar y servir

Valor nutricional por porción: 335kcal, 39g proteína, 37g carbohidratos (6g fibra, 1 g azúcar), 6g grasas, 14% calcio, 15% hierro, 26% magnesio, 60% Vitamina A, 26% Vitamina B1, 37% Vitamina B2, 10% Vitamina B5, 31% Vitamina B6.

8. Harina de Avena alta en Proteína

Enlácese en una abundante ración de carbohidratos que lo mantendrá saciado por horas, mientras el polvo proteico y las almendras le darán un comienzo de día lleno de proteína. Si prefiere su avena con un sabor frutal, use polvo sabor banana.

Ingredientes (1 porción):

2 paquetes de avena instantánea (paquetes de 28g)

¼ taza de almendras molidas

1 cucharada polvo de suero proteico sabor vainilla

1 cucharada canela

Tiempo de Preparación: 5 min

Tiempo de Cocción: 5 min

Preparación:

Verter la avena en un bowl, mezclar con el polvo proteico y la canela. Agregar agua caliente y mezclar. Completar con almendras molidas y servir.

Valor nutricional por porción: 436kcal, 33g proteína, 45g carbohidratos (10g fibra, 4g azúcar), 15g grasas (1g saturadas), 17% calcio, 19% hierro, 37% magnesio, 44% Vitamina E, 21% Vitamina B1, 21% Vitamina B2.

9. Revuelto Repleto de Proteína

Alimente sus músculos y empújese a través de un entrenamiento avanzado con esta comida de 51g de proteína. Estas claras de huevo revueltas con vegetales y salchicha de pavo tienen el valor agregado de estar repletas de carbohidratos y altos niveles generales de Vitaminas.

Ingredientes (1 porción):

8 claras de huevo

2 salchichas de pavo

1 cebolla grande, cortada

1 taza de pimientos rojos

2 tomates en cubos

2 tazas de espinaca cortada

1 cucharadita aceite de oliva

Sal and Pimienta

Tiempo de Preparación: 10 min

Tiempo de Cocción: 10-15 min

Preparación:

Batir las claras de huevo con un poco de sal y pimienta hasta que estén espumosas, y luego dejar a un lado.

Calentar el aceite en una olla grande antiadherente, agregar las cebollas y pimientos y cocinar hasta que se ablanden. Sazonar con sal y pimienta. Agregar las salchichas de pavo y cocinar hasta que estén doradas, y luego bajar el fuego, agregar las claras y revolver.

Cuando los huevos estén casi listos, agregar el tomate y la espinaca, y cocinar por 2 minutos. Servir.

Valor nutricional por porción: 475kcal, 51g proteína, 37g carbohidratos (10g fibra, 18g azúcar), 10g grasas (2g saturadas), 14% calcio, 23% hierro, 37% magnesio, 255% Vitamina A, 516% Vitamina C, 25% Vitamina E, 397% Vitamina K, 22% Vitamina B1, 112% Vitamina B2, 29% Vitamina B3, 19% Vitamina B5, 51% Vitamina B6, 65% Vitamina B9.

10. Smoothie de Frutas y Mantequilla de Maní

¿Qué mejor para llenar su día de calcio que con un Smoothie de frutilla? Alto en minerales, Vitaminas, proteínas y carbohidratos, este Smoothie es una forma perfecta para empezar su día de un empujón.

Ingredientes (1 porción):

15 frutillas medianas

1 1/3 cucharadas de mantequilla de maní

85g tofu

½ taza yogurt sin grasas

¾ taza leche descremada

1 cuchara polvo de proteína

8 cubos de hielo

Tiempo de Preparación: 5min

Sin cocción

Preparación:

Verter la leche en la licuadora, luego el yogurt y el resto de los ingredientes. Mezclar hasta que sea espumosa y homogénea. Servir en un vaso.

Valor nutricional por porción: 472kcal, 45g proteína, 40g carbohidratos (6g fibra, 31g azúcar), 13g grasas (4g saturadas), 110% calcio, 35% hierro, 27% magnesio, 30% Vitamina A, 190% Vitamina C, 11% Vitamina E, 13% Vitamina B1, 24% Vitamina B2, 10% Vitamina B5, 18% Vitamina B6, 17% Vitamina B9, 12% Vitamina B12.

11. Magdalenas de Proteína de Suero

Con una dosis saludable de avena y un poco de polvo de proteína de chocolate, estas magdalenas son un gran desayuno alternativo a la avena tradicional. Junto a un vaso de leche, esta comida se asegura de que tenga una buena cantidad de calcio y Vitamina D para complementar a la porción de proteínas y carbohidratos.

Ingredientes (4 magdalenas-2 porciones):

1 taza de copos de avena

1 huevo grande

5 claras de huevo

½ cuchara polvo de proteína de chocolate

Spray de aceite de oliva

2 tazas de leche descremada

Tiempo de Preparación: 2 min

Tiempo de Cocción: 15 min

Preparación:

Precalentar el horno a 190°.

Mezclar todos los ingredientes por 30 segundos. Rociar el molde de magdalenas con aceite de oliva y rellenar cuatro. Poner en el horno por 15 minutos.

Remover del horno, dejarlos enfriar y servir con el vaso de leche.

Valor nutricional por porción (incluye leche): 330kcal, 28g proteína, 37g carbohidratos (9g fibra, 13g azúcar), 6g grasas (5g saturadas), 37% calcio, 22% hierro, 19% magnesio, 12% Vitamina A, 34% Vitamina D, 44% Vitamina B1, 66% Vitamina B2, 25% Vitamina B5, 11% Vitamina B6, 24% Vitamina B12.

12. Salmón Ahumado y Tostada con Aguacate

¿Quiere un entrenamiento duro y corto de tiempo? Solo lleva 5 minutos hacer este sabroso desayuno. El salmón y el aguacate están llenos de ácidos saludables, y esta comida tiene suficiente proteína y carbohidratos para mantenerlo motivado.

Ingredientes (2 porciones):

300g salmón ahumado

2 aguacates pelados

Jugo de ½ limón

1 puñado de hojas de estragón cortadas

2 rebanadas de pan integral tostadas

Tiempo de Preparación: 5 min

Sin cocción

Preparación:

Cortar los aguacates en trozos y echarles jugo de limón. Retorcer y doblar las piezas de salmón ahumado, ponerlas en platos y luego esparcir el aguacate y el estragón. Servir con las tostadas de pan integral.

Valor nutricional por porción: 550kcal, 34g proteína, 37g carbohidratos (12g fibra, 4g azúcar), 30g grasas (5g saturadas), 17% hierro, 24% magnesio, 25% Vitamina C, 27% Vitamina E, 42% Vitamina K, 16% Vitamina B1, 24% Vitamina B2, 55% Vitamina B3, 35% Vitamina B5, 40% Vitamina B6, 35% Vitamina B9, 81% Vitamina B12.

13. Desayuno "Piza"

Olvídese de la porción de pisa alta en calorías y no nutritiva, y reemplácela con este substituto delicioso. Sabrosa y llenadora, solo lleva 20 minutos de hacer y no solo está llena de proteína, sino también de minerales y Vitaminas.

Ingredientes (1 porción):

1 masa de trigo integral pequeño

3 claras de huevo

1 huevo

¼ taza queso mozzarella bajo en grasas

1 cebolla de verdeo

¼ taza hongos

¼ taza Pimientos

2 rebanadas de panceta

1 cucharadita de aceite de oliva

Sal and Pimienta

Tiempo de Preparación: 10 min

Tiempo de Cocción: 10 min

Preparación:

Batir las claras de huevo con un poco de sal y pimienta, y agregar los vegetales cortados en cubos.

Doblar los lados de la masa de trigo para crear un bowl. Pincelar ambos lados con aceite de oliva y poner en la parrilla. Cocinar hasta que estén doradas y luego dar vuelta.

Verter la mezcla de huevo en la masa y cocinar hasta que estén casi hechos los huevos, agregar la panceta, cebolla de verdeo y queso. Cocinar hasta que el queso se derrita y servir.

Valor nutricional por porción: 350kcal, 33g proteína, 12g carbohidratos (3g fibra, 4g azúcar), 15g grasas (6 saturadas), 32% calcio, 19% hierro, 15% magnesio, 36% Vitamina A, 88% Vitamina C, 72% Vitamina K, 21% Vitamina B1, 71% Vitamina B2, 22% Vitamina B3, 14% Vitamina B5, 21% Vitamina B6, 25% Vitamina B9, 29% Vitamina B12.

14. Desayuno Moca Mexicano

Complemente su taza favorita de avena con una porción saludable de leche de almendra, y disfrute un desayuno alto en fibra y de rápida cocción. La pimienta de cayena es perfecta para agregar un poco de empuje a su comida

Ingredientes (1 porción):

½ taza de avena

1 cuchara polvo proteico de chocolate

½ cucharada canela

½ cucharadita de pimienta de cayena

1 taza de leche de almendra sin azúcar

1 cucharada de polvo de cacao sin azúcar

Tiempo de Preparación: 5 min

Tiempo de Cocción: 3 min

Preparación:

Mezclar todos los ingredientes en un bowl apto para microondas. Calentar por 2-3 minutos y servir.

Valor nutricional por porción: 304kcal, 27g proteína, 38g carbohidratos (8g fibra, 3g azúcar), 7g grasas, 32% calcio, 15% hierro, 25% magnesio, 10% Vitamina A, 25% Vitamina D, 51% Vitamina E, 12% Vitamina B1.

15. Panqueques de limón y arándanos

Un tibio y llenador desayuno, este panqueque de arándanos enriquecido por el sabor del limón es una forma simple y sabrosa de obtener esa comida potente que necesita para empezar el día. Agregue una cucharada de yogurt griego sobre su panqueque si le gusta.

Ingredientes (1 porción):

1/3 taza de salvado de avena

5 claras de huevo

½ taza arándanos

1 cuchara polvo de proteína de suero sin sabor

½ cucharadita bicarbonato de sodio

1 cucharadita de ralladura de limón

1 cucharada jugo de limón

Spray de aceite de oliva

Tiempo de Preparación: 5 min

Tiempo de Cocción: 5 min

Preparación:

Combinar todos los ingredientes en un bowl grande, mezclar y batir hasta que esté homogéneo. Cocinar en una sartén previamente rociada con aceite de oliva a temperatura media-alta, hasta que surjan burbujas. Dar vuelta y cocer hasta que quede dorado. Remover el panqueque y servir.

Valor nutricional por porción: 340kcal, 47g proteína, 37g carbohidratos (6g fibra, 14g azúcar), 5g grasas, 10% hierro, 25% magnesio, 12% Vitamina C, 19% Vitamina K, 26% Vitamina B1, 58% Vitamina B2.

ALMUERZO

16. Arroz mediterráneo

Transforme la cansada lata de atún en un plato delicioso que es un perfecto comienzo para una tarde de ejercicio. La alta cantidad de carbohidratos impulsará un entrenamiento a fondo, y la proteína le asegurará una recuperación muscular por el esfuerzo.

Ingredientes (1 porción):

1 lata de atún en aceite

100g arroz integral

¼ aguacate, cortado

¼ cebolla colorada, en rodajas

Jugo de ½ limón

Sal and Pimienta

Tiempo de Preparación: 5 min

Tiempo de Cocción: 20 min

Preparación:

Hervir el arroz integral por 20 minutos y luego poner en un bowl con la cebolla, atún y aguacate. Agregar el jugo de limón y mezclar los ingredientes. Sazonar con sal y pimienta al gusto.

Valor nutricional por porción: 590kcal, 32g proteína, 80g carbohidratos (7g fibra, 1g azúcar), 14g grasas (5g saturadas), 22% hierro, 52% magnesio, 101% Vitamina D, 18% Vitamina E, 107% Vitamina K, 32% Vitamina B1, 134% Vitamina B3, 26% Vitamina B5, 39% Vitamina B6, 15% Vitamina B9, 63% Vitamina B12.

17. Pollo especiado

El pollo es perfecto para una comida alta en proteínas para el desarrollo muscular. Alta en nutrientes en todos los ámbitos, esta comida simple y sabrosa puede ser preparada con una porción a elección de carbohidratos.

Ingredientes (2 porciones):

3 pechugas de pollo deshuesadas, cortadas a la mitad

175g yogurt bajo en grasas

5cm de pepino, cortado

2 cucharadas de pasta de curry Thai

2 cucharadas de cilantro

2 tazas de espinaca cruda

Tiempo de Preparación: 5 min

Tiempo de Cocción: 35-40 min

Preparación:

Precalentar el horno a 190°. Poner el pollo en una capa. Mezclar 1/3 del yogurt, la pasta de curry y 2/3 del cilantro, agregar sal y verter sobre el pollo, asegurándose que la carne esté cubierta por completo. Dejar por 30 minutos.

Poner el pollo sobre una rejilla en una fuente de horno por 35-40 minutos, hasta que esté dorado.

Calentar agua en una cacerola y marchitar la espinaca.

Mezclar el resto del yogurt y cilantro, agregar el pepino y revolver. Verter la mezcla sobre el pollo y servir con la espinaca.

Valor nutricional por porción: 275kcal, 43g proteína, 8g carbohidratos (1g fibra, 8g azúcar), 3g grasas (1g saturadas), 20% calcio, 15% hierro, 25% magnesio, 56% Vitamina A, 18% Vitamina C, 181% Vitamina K, 16% Vitamina B1, 26% Vitamina B2, 133% Vitamina B3, 25% Vitamina B5, 67% Vitamina B6, 19% Vitamina B9, 22% Vitamina B12.

18. Huevos rellenos con pan de pita

Consiga su dosis de ácidos grasos omega 3 con este rico plato de salmón. Alto en Vitaminas y minerales, esta comida llenadora es una gran forma de llenarse de energía y alimentación a través del día.

Ingredientes (2 porciones):

1 salmón enlatado en agua (450g)

2 huevos

1 cebolla de verdeo finamente cortada

2 hojas grandes de lechuga

10 tomates cherry

1 cucharada de yogurt griego

1 pan de pita, cortado por la mitad

Sal marina y Pimienta

Tiempo de Preparación: 10 min

Tiempo de Cocción: 10 min

Preparación:

Hervir los huevos, pelarlos y cortarlos a la mitad, removiendo las yemas y poniéndolas en un bowl.

Agregar al bowl el salmón enlatado, 1 cucharada de yogurt, la cebolla de verdeo y los aderezos. Mezclar los ingredientes y rellenar los huevos. Servir con pan de pita con lechuga y tomates cherry.

Valor nutricional por porción: 455kcal, 45g proteína, 24g carbohidratos (3g fibra, 2g azúcar), 36g grasas (10g saturadas), 59% calcio, 22% hierro, 21% magnesio, 30% Vitamina A, 24% Vitamina C, 43% Vitamina K, 11% Vitamina B1, 36% Vitamina B2, 60% Vitamina B3, 20% Vitamina B5, 41% Vitamina B6, 20% Vitamina B9, 20% Vitamina B12.

19. Envueltos Caesar con Pollo

Estos envueltos de pollo hacen una comida portátil genial, que se asegurará de que tenga los niveles de proteína altos a lo largo del día. Agregue un poco de espinaca y transfórmela en una comida verde agradable.

Ingredientes (1 porción):

85g pechuga de pollo cocida

2 tortillas integrales

1 taza lechuga

50g yogurt descremado

1 cucharadita pasta de anchoa

1 cucharadita polvo de mostaza

1 diente de ajo cocido

½ pepino mediano, cortado

Tiempo de Preparación: 5 min

Sin cocción

Preparación:

Combinar la pasta de anchoa, ajo, yogurt, lechuga y pepino. Dividir la mezcla en 2, agregar a las tortillas y luego poner la mitad de cada pechuga en cada tortilla. Envolver y servir.

Valor nutricional por porción (2 tortillas): 460kcal, 41g proteína, 57g carbohidratos (7g fibra, 9g azúcar), 10g grasas (2g saturadas), 11% calcio, 22% Vitamina K, 13% Vitamina B2, 59% Vitamina B3, 12% Vitamina B5, 29% Vitamina B6, 10% Vitamina B12.

20. Salmon horneado con espárragos asados

Un plato clásico, hecho más interesante con un escabeche de jugo de limón y mostaza, este salmón va bien con los espárragos al ajo. Disfruta de una gran combinación de proteínas y Vitaminas.

Ingredientes (1 porción):

140g salmón silvestre

1 ½ taza espárragos

Escabeche:

1 cucharada ajo picado

1 cucharada mostaza Dijon

Jugo de ½ limón

1 cucharadita de aceite de oliva

Tiempo de Preparación: 5 min

Tiempo de Cocción: 15 min

Preparación:

Precalentar el horno a 200°.

En un bowl, mezclar el jugo de limón, la mitad del ajo, aceite de oliva y la mostaza. Verter el escabeche sobre el salmón y asegúrese que lo cubra completamente. Poner el salmón en la nevera por una hora.

Cortar los tallos de los espárragos. Poner una sartén antiadherente a media/alta temperatura, echar los espárragos con el ajo remanente por 5 minutos, moviendo para que se cocine todo.

Poner el salmón en papel de cocina y cocinar por 10 minutos. Luego servir con los espárragos asados.

Valor nutricional: 350kcal, 43g proteína, 7g carbohidratos (5g fibra, 1 g azúcar), 16g grasas (1 saturadas), 17% hierro, 20% magnesio, 48% Vitamina A, 119% Vitamina C, 17% Vitamina E, 288% Vitamina K, 39% Vitamina B1, 60% Vitamina B2, 90% Vitamina B3, 33% Vitamina B5, 74% Vitamina B6, 109% Vitamina B9, 75% Vitamina B12.

21. Pasta de Espinaca y Albóndigas de Res

Una pasta alta en proteína que maximiza la combinación de la carne y la espinaca. No solo está repleta de Vitamina, sino que también contiene una abundante cantidad de magnesio, que ayuda a regular la contracción muscular.

Ingredientes (2 porciones):

Para las albóndigas:

170g carne molida sin grasa

½ taza espinaca

1 cucharada ajo picado

¼ taza cebolla roja en rodajas

1 cucharadita de comino

Sal marina and Pimienta

Para la pasta:

100g pasta de espinaca

10 tomates cherry

2 tazas espinaca

¼ taza salsa marinara

2 cucharadas queso parmesano back en grasas

Tiempo de Preparación: 15 min

Tiempo de Cocción: 30 min

Preparación:

Precalentar el horno a 200°.

Mezclar la carne picada, espinaca, ajo, cebolla roja y sal y pimienta al gusto. Mezclar bien con las manos hasta que la espinaca esté completamente mezclada con la carne.

Formar 2 o 3 albóndigas, y ponerlas en papel de cocina en el horno por 10-12 minutos.

Cocinar la pasta de acuerdo a las instrucciones del paquete. Colar la pasta y agregarle los tomates, espinaca y queso. Agregar las albóndigas y servir.

Valor nutricional por porción: 470kcal, 33g proteína, 50g carbohidratos (6g fibra, 5g azúcar), 12g grasas (5g saturadas), 17% calcio, 28% hierro, 74% magnesio, 104% Vitamina A, 38% Vitamina C, 11% Vitamina E, 361% Vitamina K, 16% Vitamina B1, 20% Vitamina B2, 45% Vitamina B3, 11% Vitamina B5, 45% Vitamina B6, 35% Vitamina B9, 37% Vitamina B12.

22. Pechuga de pollo rellena con arroz integral

El arroz integral es una excelente forma de introducir carbohidratos de calidad a su dieta. En pareja con el pollo alto en proteína y vegetales, obtendrá un delicioso almuerzo.

Ingredientes (1 porción):

170g pechuga de pollo

½ taza espinaca cruda

50g arroz integral

1 cebolla de verdeo

1 tomate cortado

1 cucharada de queso feta

Tiempo de Preparación: 10 min

Tiempo de Cocción: 30 min

Preparación:

Precalentar el horno a 190°.

Cortar la pechuga de pollo por la mitad para que se vea como una mariposa. Sazone el pollo con sal y pimienta, y luego abrirlo y poner capas de espinaca, queso feta y rodajas de tomate en un lado. Doble la pechuga y use un escarbadientes para mantenerla cerrada. Cocinar por 20 minutos.

Hervir el arroz integral y a continuación agregar el ajo y la cebolla cortada. Llene un plato con el arroz integral, coloque el pollo encima y sirva.

Valor nutricional por porción: 469kcal, 48g proteína, 46g carbohidratos (5g fibra, 6g azúcar), 8g grasas (5g saturadas), 22% calcio, 18% hierro, 38% magnesio, 55% Vitamina A, 43% Vitamina C, 169% Vitamina K, 28% Vitamina B1, 28% Vitamina B2, 103% Vitamina B3, 28% Vitamina B5, 70% Vitamina B6, 23% Vitamina B9, 17% Vitamina B12.

23. Ensalada con camarones y Pasta de calabacín

Una comida de pasta tramposa con una porción de calabacín rallado y camarones al vapor aromatizado con todas las clases de sésamo. Esta combinación de ingredientes hace a un almuerzo liviano con un alto contenido proteico.

Ingredientes (1 porción):

170g camarón al vapor

1 calabacín grande, cortado

¼ taza cebolla roja, en rodajas

1 taza pimientos, en rodajas

1 cucharada mantequilla asada Tahini

1 cucharadita aceite de sésamo

1 cucharadita semillas de sésamo

Tiempo de Preparación: 10 min

Sin cocción

Preparación:

Cortar el calabacín usando una trituradora para hacer una linguini.

En un bowl, mezclar el Tahini y el aceite de sésamo.

Poner todos los ingredientes en un bowl grande, verter la salsa Tahini y mezclar para asegurarse que todo esté cubierto. Espolvorear con semillas de sésamo y servir.

Valor nutricional por porción: 420kcal, 45g proteína, 26g carbohidratos (10g fibra, 12g azúcar), 18g grasas (2g saturadas), 19% calcio, 47% hierro, 48% magnesio, 33% Vitamina A, 303% Vitamina C, 17% Vitamina E, 31% Vitamina K, 38% Vitamina B1, 36% Vitamina B2, 38% Vitamina B3, 13% Vitamina B5, 66% Vitamina B6, 35% Vitamina B9, 42% Vitamina B12.

24. Pastel de carne con Cuscús de trigo integral

Cocinado en un molde para magdalenas, este pastel de carne de pavo se asegura de que se minimice el consumo de grasas saturadas. Cámbielo un poco agregando pimientos u hongos en lugar de cebolla a las albóndigas, y sazonando con una pizca de ajo molido.

Ingredientes (1 porción):

140g pavo molido, sin grasa

¾ taza cebollas rojas en cubos

1 taza espinaca cruda

1/3 taza salsa marinara baja en sodio

½ taza cuscús de trigo integral, hervido

Elección de condimentos: Perejil, albahaca, cilantro

Pimienta, sal

Spray de aceite de oliva

Tiempo de Preparación: 5 min

Tiempo de Cocción: 20 min

Preparación:

Precalentar el horno a 200°.

Sazone el pavo con su elección de condimentos y agregue la cebolla en cubos.

Rociar la fuente de magdalenas con aceite de oliva, colocar el pavo molido dentro de los soportes para magdalenas. Cubra cada albóndiga con 1 cucharada de salsa marinara, luego coloque en el horno y cocine durante 8-10 minutos.

Servir con el cuscús.

Valor nutricional por porción: 460kcal, 34g proteína, 53g carbohidratos (4g fibra, 7g azúcar), 12g grasas (4g saturadas), 12% calcio, 15% hierro, 10% magnesio, 16% Vitamina A, 15% Vitamina C, 11% Vitamina E, 16% Vitamina K, 11% Vitamina B1, 25% Vitamina B3, 16% Vitamina B6, 11% Vitamina B9.

25. Hamburguesa de atún y ensalada

La hamburguesa de atún es rica en proteína y carbohidratos, por lo que esta comida es una excelente opción para un día de entrenamiento. Hágala diferente cada vez y manténgala interesante mediante el cambio entre las verduras y condimentos.

Ingredientes (1 porción):

1 late de atún en trozos (165g)

1 clara de huevo

½ taza setas picadas

2 tazas lechuga rallada

¼ taza avena seca

1 cucharadita aceite de oliva

1 cucharadas aderezo para ensaladas bajo en grasas (de preferencia)

Pequeño manojo de orégano picado

1 rollo de trigo integral cortado a la mitad

Tiempo de Preparación: 10 min

Tiempo de Cocción: 10 min

Preparación:

Mezclar la clara de huevo, atún, avena seca, orégano y formar una hamburguesa.

Calentar el aceite en una sartén antiadherente a fuego medio, colocar la hamburguesa y darla vuelta para asegurarse de que se cocine en ambos lados.

Cortar el rollo de trigo por la mitad y colocar la hamburguesa entre las dos piezas.

Mezclar las verduras en un bol, añadir el aderezo y servir junto a la hamburguesa.

Valor nutricional por porción: 560kcal, 52g proteína, 76g carbohidratos (13g fibra, 7g azúcar), 10g grasas (1g saturadas), 11% calcio, 35% hierro, 38% magnesio, 16% Vitamina A, 16% Vitamina K, 35% Vitamina B1, 33% Vitamina B2, 24% VitaminaB3, 28% Vitamina B5, 41% Vitamina B6, 21% Vitamina B9, 82% Vitamina B12.

26. Kebabs picantes de carne de res

Este kebab picante se sirve con una guarnición de papas al horno, por lo que no solo es una comida para el desarrollo de músculo, sino también una gran manera de introducir Vitamina A su dieta. Agregue una cucharada de yogurt bajo en grasas a su papa para hacerla más refrescante.

Ingredientes (1 porción):

140g bife de ternera magro

200g batata

1 Pimiento picado

½ calabacín mediano picado

Ajo picado

Pimienta, sal

Tiempo de Preparación: 15 min

Tiempo de Cocción: 55 min

Preparación:

Precalentar el horno a 200°. Envolver la batata en papel de aluminio y poner en el horno por 45 minutos.

Cortar la carne mechada en trozos pequeños, sazonar con sal, pimienta y ajo. Montar el kebab alternando entre la carne de res, el calabacín y el pimiento.

Colocar el kebab en una bandeja de horno y cocinar por 10 minutos. Servir con la batata.

Valor nutricional por porción: 375kcal, 38g proteína, 49g carbohidratos (9g fibra, 12g azúcar), 4g grasas (1g saturadas), 24% hierro, 27% magnesio, 581% Vitamina A, 195% Vitamina C, 21% Vitamina K, 22% Vitamina B1, 28% Vitamina B2, 61% Vitamina B3, 28% Vitamina B5, 92% Vitamina B6, 20% Vitamina B9, 30% Vitamina B12.

27. Trucha con ensalada de papas

¿Quiere asegurarse de que no le falte Vitamina B12? Pruebe esta porción sustanciosa de trucha, combinada con una fresca ensalada de papas repleta de Vitaminas y nutrientes.

Ingredientes (2 porciones):

2*140g filetes de trucha

250g papas cortadas a la mitad

4 cucharaditas yogurt

4 cucharaditas mayonesa baja en grasas

1 cucharada alcaparras enjuagadas

4 pepinillos pequeños en rodajas

2 cebollas de verdeo, rebanadas finamente

¼ pepino en cubos

1 limón y la ralladura de 1/2

Tiempo de Preparación: 10 min

Tiempo de Cocción: 20 min

Preparación:

Hervir las papas en agua salada durante 15 minutos hasta que estén apenas tiernas. Escurrir y enjuagar con agua fría. Precalentar la parrilla.

Mezclar la mayonesa y el yogurt, y sazonar con jugo de limón. Revolver la mezcla con las papas, alcaparras, la mayor parte de la cebolla, pepino y pepinillos. Dispersar el resto de la cebolla sobre la ensalada.

Sazonar la trucha, poner en una bandeja para horno con la piel hacia abajo y cocinar. Esparcir la ralladura de limón sobre la trucha y servir con la ensalada.

Valor nutricional por porción: 420kcal, 38g proteína, 28g carbohidratos (3g fibra, 6g azúcar), 13g grasas (3g saturadas), 12% calcio, 11% hierro, 22% magnesio, 29% Vitamina C, 59% Vitamina K, 21% Vitamina B1, 18% Vitamina B2, 12% Vitamina B3, 22% Vitamina B5, 43% Vitamina B6, 18% Vitamina B9, 153% Vitamina B12.

28. Chile de frijoles mexicanos

Una comida de mediodía alta en proteína, este plato es una gran manera de conseguir un tercio de la cantidad necesaria de fibra. A pesar de que tiene los nutrientes suficientes para ser una comida independiente, puede también ser servido sobre una cama de arroz integral.

Ingredientes (2 porciones):

250g carne picada

200g frijoles cocidos en lata

75ml caldo de carne

½ cebolla en cubos

½ pimiento rojo en cubos

1 cucharadita pasta de chipotle

1 cucharadita aceite de oliva

½ cucharadita chile en polvo

1 taza arroz integral hervido (opcional)

Hojas de cilantro para servir

Tiempo de Preparación: 5 min

Tiempo de Cocción: 45 min

Preparación:

Calentar el aceite en una sartén antiadherente a fuego medio, y freír la cebolla y el pimiento rojo hasta que se ablanden. Subir el fuego, añadir el chile en polvo y cocinar por dos minutos. Agregar la carne picada y cocinar hasta que se dore y el líquido se haya evaporado.

Agregue el caldo de carne, frijoles y la pasta de chipotle. Cocine a fuego lento por 20 minutos. Sazonar, decorar con hojas de cilantro y servir con el arroz hervido.

Valor nutricional por porción (sin arroz): 402kcal, 34g proteína, 19g carbohidratos (5g fibra, 10g azúcar), 14g grasas (5g saturadas), 29% hierro, 15% magnesio, 42% Vitamina C, 11% Vitamina B1, 16% Vitamina B2, 34% Vitamina B3, 40% Vitamina B6, 18% Vitamina B9, 52% Vitamina B12.

½ taza of rice: 108kcal

29. Fideos con brócoli y carne de res

Un plato cómodo y sabroso, los fideos con carne y brócoli toman solo 20 minutos para prepararse, por lo que es una gran opción para un día ocupado. Puede servirlo con unas rodajas de chile rojo para agregar un sabor extra.

Ingredientes (2 porciones):

2 tazas fideos al huevo

200g tiras de carne salteadas

1 cebollita de verdeo en rodajas

½ cabeza de brócoli

1 cucharadita aceite de sésamo

Para la salsa:

1 ½ cucharadas salsa de soja baja en sal

1 cucharadita salsa de tomate

1 diente de ajo machacado

1 cucharada salsa de ostras

¼ jengibre finamente rallado

1 cucharadita vinagre de vino blanco

Tiempo de Preparación: 10 min

Tiempo de Cocción: 10 min

Preparación:

Mezclar los ingredientes para la salsa. Hervir los fideos de acuerdo a las instrucciones del paquete. Agregue el brócoli cuando estén casi listos. Dejar por unos minutos y luego colar los fideos y brócoli.

Calentar el aceite en un wok hasta que esté muy caliente y saltear la carne durante 2-3 minutos, hasta que se dore. Agregar la salsa, revolver y dejar hervir por unos momentos. Apagar el fuego.

Mezclar la carne con los fideos, esparcir cebolla de verdeo encima y servir inmediatamente.

Valor nutricional por porción: 352kcal, 33g proteína, 39g carbohidratos (5g fibra, 5g azúcar), 9g grasas (2g saturadas), 20% hierro, 20% magnesio, 20% Vitamina A, 224% Vitamina C, 214% Vitamina K, 14% Vitamina B1, 19% Vitamina B2, 43% Vitamina B3, 18% Vitamina B5, 50% Vitamina B6, 31% Vitamina B9, 23% Vitamina B12.

30. Abadejo envuelto en panceta con papas

Este plato ligero y de sabor fresco ofrece una gran cantidad de energía y es alto en proteína, por lo que es una opción ideal para una comida de mediodía. El abadejo puede ser substituido por otro pescado blanco, mientras las aceitunas pueden ser reemplazadas por tomates secos

Ingredientes (2 porciones):

2* 140g filetes de abadejo

4 rebanadas de panceta

300g papas

100g judías verdes

30g aceitunas Kalamate

Jugo y Ralladura de 1 limón

2 cucharadas de aceite de oliva

Pocas ramitas de estragón

Tiempo de Preparación: 10 min

Tiempo de cocción: 15 min

Preparación:

Calentar el horno a 200°. Hervir las papas por 10-12 minutos hasta que estén tiernas, añadir las judías verdes en los 2-3 minutos finales. Escurrir bien, cortar las papas por la mitad y poner en una fuente de horno. Echar las aceitunas, ralladura de limón, aceite y sazonar bien.

Sazonar el pescado y envolverlo en la panceta. Ponerlo sobre las papas. Cocinar en el horno por 10-12 minutos, luego agregar el jugo de limón, esparcir el estragón y servir.

Valor nutricional por porción: 525kcal, 46g proteína, 36g carbohidratos (5g fibra, 3g azúcar), 31g grasas (8g saturadas), 10% hierro, 31% magnesio, 63% Vitamina C, 18% Vitamina K, 15% Vitamina B1, 13% Vitamina B2, 14% Vitamina B3, 25% Vitamina B6, 73% Vitamina B12.

CENA

31. Bowl de Sushi

Un plato de sushi con pocas calorías que sustituye el arroz por coliflor saborizado con ajo, salsa de soja y jugo de lima para un sabor extra. Utilice las hojas de alga para envolver las verduras y el salmón, y hacer un mini roll.

Ingredientes (2 porciones):

170g salmón ahumado

1 aguacate mediano

½ cabeza de coliflor, cocido al vapor y picado

1/3 taza zanahoria rallada

½ cucharadita pimienta

1.2 cucharadita ajo en polvo

1 cucharada salsa de soja baja en sodio

2 hojas de algas marinas

Jugo de ½ lima

Tiempo de Preparación: 10 min

Sin cocción

Preparación:

Colocar la coliflor, las zanahorias, salsa de soja, ajo, jugo de limón y pimienta en una procesadora. Detener la mezcla antes de que se convierta en una pasta. Servir junto a las hojas de algas y el salmón.

Valor nutricional por porción: 272kcal, 20g proteína, 13g carbohidratos (7g fibra, 4g azúcar), 16g grasas (1g saturadas), 10% hierro, 14% magnesio, 73% Vitamina A, 88% Vitamina C, 13% Vitamina E, 40% Vitamina K, 18% Vitamina B1, 15% Vitamina B2, 31% Vitamina B3, 21% Vitamina B5, 31% Vitamina B6, 26% Vitamina B9, 45% Vitamina B12.

32. Pollo agridulce

El pollo agridulce es una receta simple y deliciosa, que tiene un lugar en cada cocina. Es alta en proteína y Vitaminas, y va bien con el brócoli al vapor.

Ingredientes (2 porciones):

300g pechuga de pollo cortada en trozos pequeños

1 cucharadita sal de ajo

¼ taza caldo de pollo bajo en sodio

¼ taza vinagre blanco

¼ edulcorante sin calorías

¼ cucharadita pimienta negra

1 cucharadita salsa de soja baja en sodio

3 cucharaditas salsa de tomate baja en azúcar

Arrurruz

400g Cabezas de brócoli al vapor

Tiempo de Preparación: 10 min

Tiempo de cocción: 15 min

Preparación:

Colocar el pollo en un tazón grande y sazonar con ajo, pimienta y sal, formando una capa. Cocinar el pollo a fuego medio-alto hasta que esté hecho.

Mientras tanto, mezclar el caldo de pollo, edulcorante, vinagre, salsa de tomate y la salsa de soja en una cacerola. Llevar la mezcla al punto de ebullición y bajar el fuego al mínimo. Agregar el arrurruz de a poco y batir enérgicamente. Mantener la agitación durante unos minutos.

Verter la salsa sobre el pollo cocido y servir acompañado de brócoli al vapor.

Valor nutricional por porción: 250kcal, 40g proteína, 14g carbohidratos (6g fibra, 4g azúcar), 2g grasas, 11% calcio, 14% hierro, 20% magnesio, 24% Vitamina A, 303% Vitamina C, 254% Vitamina K, 17% Vitamina B1, 21% Vitamina B2, 90% Vitamina B3, 24% Vitamina B5, 58% Vitamina B6, 33% Vitamina B9.

33. Humus al Ajo

Solo necesita 5 minutos para hacer esta comida saludable y deliciosa. Está llena de magnesio y tiene una cantidad decente de proteína, considerando que no tiene carne. Tome una tortilla de trigo y haga esta comida para llevar.

Ingredientes (3 porciones):

1*400g garbanzos enlatados (guarde ¼ del líquido)

¼ taza Tahini

¼ taza de jugo de limón

1 diente de ajo

1 cucharada aceite de oliva

¼ cucharadita jengibre molido

¼ cucharadita comino molido

2 cebollas de verdeo, finamente picadas

1 tomate picado

Tiempo de Preparación: 5 min

Sin cocción

Preparación:

Colocar los garbanzos, líquido, Tahini, jugo de limón, aceite de oliva, ajo, comino y jengibre en una procesadora y mezclar hasta que esté suave.

Agregar el tomate y la cebolla, y sazonar con sal y pimienta. Servir acompañado con rodajas de pimiento.

Valor nutricional por porción: 324kcal, 11g proteína, 21g carbohidratos (7g fibra, 1g azúcar), 17g grasas (2g saturadas), 22% calcio, 54% hierro, 135% magnesio, 10% Vitamina A, 12% Vitamina C, 33% Vitamina K, 122% Vitamina B1, 12% Vitamina B2, 44% Vitamina B3, 11% Vitamina B5, 12% Vitamina B6, 40% Vitamina B9.

34. Pollo con Ananá y Pimientos

Tome un descanso de las recetas habituales de pollo y pruebe esta versión con ananá fresco y dulce. De alto contenido de Vitamina B3 y proteína, esta comida es también una fuente de carbohidratos. Puede sustituir el arroz por quínoa.

Ingredientes (1 porción):

140g pechuga de pollo deshuesada

1 cucharada mostaza

½ taza ananá fresco en cubos

½ taza Pimientos en cubos

50g arroz integral

Spray de aceite de coco

1 cucharadita comino

Sal and Pimienta

Tiempo de Preparación: 5 min

Tiempo de Cocción: 15 min

Preparación:

Cortar el pollo en trozos pequeños y luego frotar la mostaza en las piezas, y sazonar con sal, pimienta y comino.

Poner una sartén a fuego medio y rociar ligeramente con aceite de coco. Añadir el pollo y cocinar. Cuando el pollo esté casi terminado, aumente el fuego y agregue el ananá y los pimientos. Cocinar y asegurarse que todos los lados queden dorados. Esto debe tomar de 3 a 5 minutos.

Hervir el arroz integral y servir junto al pollo.

Valor nutricional por porción: 377kcal, 37g proteína, 50g carbohidratos (6g fibra, 10g azúcar), 1g grasas, 12% hierro, 33% magnesio, 168% Vitamina C, 26% Vitamina B1, 13% Vitamina B2, 96% Vitamina B3, 22% Vitamina B5, 65% Vitamina B6, 10% Vitamina B9.

35. Bowl proteico estilo mexicano

Dese un descanso de la carne y mezcle estos ingredientes juntos para una alternativa sabrosa a lo usual. Puede evitar las grasas fritas y calorías poco saludables, y aun así obtener el sabor de una comida mexicana.

Ingredientes:

1/3 taza frijoles negros cocidos

½ taza arroz integral cocido

2 cucharadas salsa

¼ aguacate en rodajas

Tiempo de Preparación: 5 min

Sin cocción

Preparación:

Combinar todos los ingredientes en un bowl y servir.

Valor nutricional por porción: 307kcal, 11g proteína, 48g carbohidratos (11g fibra, 1g azúcar), 7g grasas (1g azúcar),

26% magnesio, 13% Vitamina K, 16% Vitamina B1, 11% Vitamina B3, 17% Vitamina B6, 30% Vitamina B9.

36. Ensalada de pollo y Rúcula

Las hojas de Rúcula añaden satisfacción a esta ensalada dulce y súper saludable. Generosa en vegetales y proteína de calidad, esta comida puede ser enriquecida con un simple aderezo de yogurt bajo en grasas y ajo.

Ingredientes (1 porción):

120g pechuga de pollo

5 zanahorias picadas

¼ col roja picada

½ taza Rúcula

1 cucharada semillas de girasol

1 cucharadita aceite de oliva

Tiempo de Preparación: 10 min

Tiempo de Cocción: 10 min

Preparación:

Cortar el pollo en cubos del tamaño de un bocado. Calentar el aceite de oliva en una sartén antiadherente y freír el pollo hasta que esté cocido. Poner a un lado y dejar enfriar.

Colocar las zanahorias, Rúcula y la col roja en un tazón grande. Agregar encima el pollo enfriado y las semillas de girasol. Servir.

Valor nutricional por porción: 311kcal, 30g proteína, 9g carbohidratos (1g fibra), 13g grasas (1g saturadas), 11% hierro, 22% magnesio, 150% Vitamina A, 25% Vitamina C, 29% Vitamina E, 32% Vitamina K, 23% Vitamina B1, 10% Vitamina B2, 72% Vitamina B3, 11% Vitamina B5, 49% Vitamina B6, 17% Vitamina B9.

37. Hipogloso con mostaza Dijon

Esta comida picante de hipogloso es una manera rápida y fácil de obtener una abundante dosis de proteína. Es baja en carbohidratos y alta en Vitaminas, por lo que es una opción perfecta para la cena. El recuento bajo de calorías de la salsa le permite duplicarla en cantidad si se siente indulgente.

Ingredientes (2 porciones):

220g hipogloso

¼ cebolla en cubos

1 pimiento rojo en cubos

1 diente de ajo

1 cucharada mostaza Dijon

1 cucharadita salsa inglesa

1 cucharadita aceite de oliva

Jugo de 1 limón

Un puñado de perejil

2 zanahorias grandes cortadas en palitos

1 taza brócoli

1 taza hongos en rodajas

Tiempo de Preparación: 10 min

Tiempo de Cocción: 20 min

Preparación:

Colocar el pimiento rojo, ajo, perejil, mostaza, cebolla, salsa inglesa, jugo de limón y aceite de oliva en una procesadora.

Poner el pescado, salsa y el resto de los vegetales en una bolsa de hornear grande. Hornear a 190° durante 20 minutos y servir.

Valor nutricional por porción: 225kcal, 33g proteína, 12g carbohidratos (3g fibra, 5g azúcar), 5g grasas (1g saturadas), 11% calcio, 10% hierro, 35% magnesio, 180% Vitamina A, 77% Vitamina C, 71% Vitamina K, 13% Vitamina B1, 19% Vitamina B2, 51% Vitamina B3, 14% Vitamina B5, 34% Vitamina B6, 15% Vitamina B9, 25% Vitamina B12.

38. Bandeja de pollo horneado

Rápido, fácil y sabroso, este plato debe ser un elemento básico de la cocina de verano ya que no hay escasez de tomates cherry. El pesto agrega un sabor refrescante a una pechuga de pollo condimentada simplemente.

Ingredientes (2 porciones):

300g pechuga de pollo

300g tomates cherry

2 cucharadas pesto

1 cucharada aceite de oliva

Sal, Pimienta

Tiempo de Preparación: 5 min

Tiempo de Cocción: 15 min

Preparación:

Colocar la pechuga de pollo en una bandeja de asar, sazonar, rociar con el aceite de oliva y llevar a la parrilla por 10 minutos. Añadir los tomates cherry y cocinar por otros

5 minutos hasta que el pollo esté listo. Echar peso por encima y servir.

Valor nutricional por porción: 312kcal, 36g proteína, 7g carbohidratos (2g fibra, 5g azúcar), 19g grasas (4g saturadas), 15% magnesio, 25% Vitamina A, 34% Vitamina C, 11% Vitamina E, 20% Vitamina K, 10% Vitamina B1, 88% Vitamina B3, 13% Vitamina B5, 33% Vitamina B6.

39. Hamburguesa de tofu

El tofu tiene todos los aminoácidos esenciales, y esto lo convierte en un perfecto sustituto de la carne. Las cebollas caramelizadas con hojas de chile y sriracha, acompañado con el tofu con teriyaki, deleitará su paladar.

Ingredientes (1 porción):

85g tofu (extra firme)

1 cucharada salsa teriyaki

1 cucharada Sriracha

1 hoja de lechuga

30g zanahoria rallada

¼ cebolla roja cortada

½ cucharadita hojas de chile rojo

1 rollo de trigo integral mediano

Tiempo de Preparación: 5 min

Tiempo de Cocción: 10 min

Preparación:

Calentar la parrilla.

Marinar el tofu en salsa teriyaki, hojas de chile rojo y sriracha. Cocinar por 3-5 minutos de cada lado.

Freír la cebolla roja en una sartén antiadherente hasta caramelizarla.

Cortar el rollo al medio hasta quedar abierto como un libro. Rellenar con el tofu a la plancha, cebolla caramelizada, zanahoria y lechuga. Servir.

Valor nutricional por porción: 194kcal, 11g proteína, 28g carbohidratos (5g fibra, 8g azúcar), 5g grasas (1g saturadas), 21% calcio, 14% hierro, 19% magnesio, 95% Vitamina A, 10% Vitamina B1, 14% Vitamina B6.

40. Bacalao Caliente

Alto en proteína y grasas saludables y bajo en carbohidratos, este bacalao súper picante le dará una sacudida para el resto del día. Sirva con un poco de arroz integral si necesita un impulso de carbohidratos para un entrenamiento nocturno, y agregue 2 jalapeños más si cree que puede aguantar más sabor.

Ingredientes (2 porciones):

340g bacalao blanco

10 tomates cherry cortados al medio

2 jalapeños en rodajas

2 cucharadas de aceite de oliva

Sal marina

Chile en polvo

Tiempo de Preparación: 5 min

Tiempo de Cocción: 10 min

Preparación:

Calentar el aceite en una sartén antiadherente. Cubrir el bacalao en sal marina y polvo de chile, añadir a la sartén y cocinar durante 10 minutos a fuego medio. Agregar los jalapeños 1 o 2 minutos antes de que el pescado esté cocido.

Servir con tomates cherry.

Valor nutricional por porción: 279kcal, 30g proteína, 6g carbohidratos (1g fibra, 1 g azúcar), 16g grasas (2g saturadas), 11% magnesio, 17% Vitamina A, 38% Vitamina C, 26% Vitamina E, 33% Vitamina K, 24% Vitamina B3, 43% Vitamina B6, 26% Vitamina B12.

41. Hamburguesa de calabacín y hongos asados

Los hongos Portobello tienen una textura gruesa y carnosa que los hace uno de los favoritos tanto entre los vegetarianos como entre los amantes de la carne. Disfrute de la hamburguesa de la naturaleza y obtenga una alta carga de minerales y Vitaminas a un costo mínimo de calorías.

Ingredientes (1 porción):

1 hongo Portobello grande

¼ calabacín pequeño en rodajas

1 cucharadita pimientos asados

1 rebanada de queso bajo en grasas

4 hojas de espinaca

Spray de aceite de oliva

1 rollo de trigo integral mediano

Tiempo de Preparación: 5 min

Tiempo de Cocción: 5 min

Preparación:

Calentar la parrilla. Rociar el hongo con aceite de oliva y luego asar tanto los champiñones como las rodajas de calabacín.

Cortar el rollo a la mitad horizontalmente, colocar los ingredientes en capas en una mitad y cubrir con la otra. Servir inmediatamente.

Valor nutricional por porción: 185kcal, 12g proteína, 24g carbohidratos (4g fibra, 5g azúcar), 4g grasas (1g saturadas), 21% calcio, 17% hierro, 20% magnesio, 78% Vitamina A, 28% Vitamina C, 242% Vitamina K, 15% Vitamina B1, 37% Vitamina B2, 26% Vitamina B3, 16% Vitamina B5, 16% Vitamina B6, 31% Vitamina B9.

42. Pescado Mediterráneo

¿Qué mejor manera de llegar a su requerimiento diario de Vitamina B12 que con un plato de sabores mediterráneos? El resto de las Vitaminas y minerales también están bien representados, y el recuento de proteínas es de una buena cantidad para una cena ligera.

Ingredientes (2 porciones):

200g trucha fresca

2 tomates medianos

3 cucharaditas alcaparras

½ pimiento rojo picado

1 diente de ajo picado

10 aceitunas verdes en rodajas

¼ cebolla picada

½ taza espinaca

1 cucharada aceite de oliva

Sal and Pimienta

Tiempo de Preparación: 10 min

Tiempo de Cocción: 15 min

Preparación:

Calentar una sartén grande a fuego medio; añadir los tomates enteros, ajo y aceite de oliva. Cubrir y dejar hervir durante unos minutos hasta que los tomates empiecen a ablandarse.

Añadir la cebolla, pimiento, aceitunas, alcaparras, sal y pimenta (y un poco de agua si es necesario). Cubrir y dejar hervir hasta que los tomates se hayan roto y el pimiento y cebolla se hayan suavizado.

Añadir la trucha, tapar y hervir durante 5-7 minutos.

Añadir las espinacas en el último minuto y servir.

Valor nutricional por porción: 305kcal, 24g proteína, 7g carbohidratos (1g fibra, 4g azúcar), 11g grasas (3g saturadas), 10% calcio, 12% magnesio, 36% Vitamina A, 56% Vitamina C, 62% Vitamina K, 13% Vitamina B1, 33% Vitamina B3, 12% Vitamina B5, 25% Vitamina B6, 15% Vitamina B9, 105% Vitamina B12.

43. Cena vegano-amigable

Una comida vegano-amigable con una buena cantidad de proteína y Vitaminas. Dele a su paladar el sabor que se merece con esta salsa dulce y picante que da sabor a una cantidad llenadora de tofu, y es fácil de hacer.

Ingredientes (2 porciones):

340g tofu

¼ taza salsa de soja

¼ taza azúcar negra

2 cucharaditas de aceite de sésamo

1 cucharadita aceite de oliva

1 cucharadita hojuelas de chile

2 dientes de ajo picados

1 cucharadita jengibre recién rallado

Sal

Tiempo de Preparación: 5 min

Tiempo de Cocción: 15 min

Preparación:

Mezclar la azúcar negra, salsa de soja, aceite de sésamo, jengibre, hojas de chile y sal en un bowl y poner a un lado.

Verter el aceite de oliva en una sartén y calentar; a continuación, freír el tofu durante 10 minutos.

Verter la salsa en la sartén y cocinar durante 3-5 minutos. Servir cuando la salsa haya espesado y el tofu esté cocido.

Valor nutricional por porción: 245kcal, 17g proteína, 15g carbohidratos (1g fibra, 11g azúcar), 15g grasas (3g saturadas), 34% calcio, 19% hierro, 19% magnesio, 11% Vitamina B2, 11% Vitamina B6.

44. Fusión de atún

A diferencia de una fusión de atún alta en grasas saturadas y carbohidratos, ésta tiene una moderada cantidad de carbohidratos y un golpe de proteína del atún, por lo que es una excelente comida que apoya el crecimiento del músculo magro.

Ingredientes (2 porciones):

1 lata de atún (165g)

2 rebanadas de queso mozzarella bajo en grasas

2 cucharaditas salsa de tomate

1 panecillo de trigo inglés

Una pizca de orégano

Tiempo de Preparación: 5 min

Tiempo de Cocción: 3 min

Preparación:

Precalentar el horno a 190°C.

Cortar el panecillo inglés y luego untar cada mitad con salsa de tomate. Cubrir con el atún, espolvorear con orégano y colocar una rebanada de queso en la parte superior. Colocar las mini fusiones en el horno por 2-3 minutos o hasta que el queso se haya derretido, y luego dividir en 2 platos y servir.

Valor nutricional por porción: 255kcal, 31g proteína, 14g carbohidratos (2g fibra, 2 g azúcar), 6g grasas (4g saturadas), 29% calcio, 11% hierro, 13% magnesio, 10% Vitamina B1, 10% Vitamina B2, 60% Vitamina B3, 23% Vitamina B6, 52% Vitamina B12.

45. Pollo con ensalada de aguacate

Una comida que ofrece un gran equilibrio de proteínas de calidad y grasas saludables, que lo mantendrán satisfecho sin exagerar con los carbohidratos. Reemplace el vinagre con jugo de limón para una sensación más fresca.

Ingredientes (1 porción):

100g pechuga de pollo

1 cucharadita pimentón ahumado

2 cucharaditas de aceite de oliva

Para la ensalada:

½ aguacate mediano, en cubos

1 tomate mediano picado

½ cebolla morada pequeña, en rodajas finas

1 cucharada perejil picado

1 cucharadita vinagre de vino tinto

Tiempo de Preparación: 10 min

Tiempo de Cocción: 10 min

Preparación:

Calentar la parrilla a fuego medio. Frotar el pollo con una cucharada de aceite de oliva y pimentón. Cocinar por 5 minutos de cada lado hasta que esté bien cocido y ligeramente carbonizado. Cortarlo en rodajas gruesas.

Mezclar los ingredientes de la ensalada juntos, sazonar, añadir el resto del aceite de oliva y servir con el pollo.

Valor nutricional por porción: 346kcal, 26g proteína, 14g carbohidratos (6g fibra, 4g azúcar), 22g grasas (3g saturadas), 16% magnesio, 22% Vitamina, 44% Vitamina C, 18% Vitamina E, 38% Vitamina K, 12% Vitamina B1, 11% Vitamina B2, 66% Vitamina B3, 19% Vitamina B5, 43% Vitamina B6, 22% Vitamina B9.

APERITIVOS

1. Tomates cherry con queso Cottage

Cortar 5 tomates cherry por la mitad y untar con 2 cucharadas de queso de cabra mezclado con eneldo fresco y una pizca de sal.

Valor nutricional: 58kcal, 4g proteína, 10g carbohidratos, 30% Vitamina A, 40% Vitamina C, 20% Vitamina K, 10% Vitamina B1, 10% Vitamina B6, 10% Vitamina B9.

2. Aguacate en tostada

Tostar un pequeño trozo de pan de trigo integral y luego cubrirlo con 50gr de puré de aguacate. Espolvorear con sal y pimienta.

Valor nutricional: 208kcal, 5g proteína, 28g carbohidratos (6g fibra, 2g azúcar), 9g grasas (1g saturadas), 13% Vitamina K, 13% Vitamina B9.

3. Pimientos con queso Cottage

Cortar un pimiento pequeño a la mitad, quitar las semillas y luego rellenar con queso Cottage mezclado con aderezo de su gusto.

Valor nutricional: 44kcal, 6g proteína, 3g carbohidratos (3g azúcar), 49% Vitamina C.

4. Torta de arroz con mantequilla de maní

Untar una torta de arroz con 1 cucharada de mantequilla de maní cremosa

Valor nutricional: 129kcal, 5g proteína, 10g carbohidratos (1g fibra, 1 g azúcar), 8g grasas (1g saturadas), 10% Vitamina B3.

5. Apio con queso de cabra y aceitunas verdes

Cubrir 3 tallos de apio medianos con 3 cucharadas de queso de cabra y 3 aceitunas verdes.

Valor nutricional: 102kcal, 4g proteína, 6g carbohidratos (3g fibra), 6g grasas (4g saturadas), 12% calcio, 45% Vitamina K, 18% Vitamina A, 12% Vitamina B9.

6. Yogurt con bayas de Goji secas

Mezclar 150g de yogurt bajo en grasas con 10g de bayas de Goji.

Valor nutricional: 134kcal, 7g proteína, 19g carbohidratos (1g fibra, 18% azúcar), 4g grasas (1g saturadas), 27% calcio, 24% hierro, 13% Vitamina C, 19% Vitamina B2, 13% Vitamina B12.

7. Manzana y mantequilla de maní

Cortar una manzana pequeña y untar 1 cucharada de mantequilla de maní en todos los trozos.

Valor nutricional: 189kcal, 4g proteína, 28g carbohidratos (5g fibra, 20g azúcar), 8g grasas (1g saturadas), 14% Vitamina C, 14% Vitamina B3.

8. Yogurt griego con fresas

Mezclar 150g de yogurt griego con 5 fresas medianas cortadas a la mitad.

Valor nutricional: 150kcal, 11g proteína, 10g carbohidratos (10g azúcar), 8g grasas (5g saturadas), 10% calcio, 60% Vitamina C.

9. Mix de frutos secos

Mezclar 10g de nueces, 10g de almendras y 30g de pasas de uvas.

Valor nutricional: 217kcal, 4g proteína, 25g carbohidratos (2g fibra, 17g azúcar), 13g grasas (1g saturadas), 10% magnesio.

10. Jamón y tallos de apio

Envolver 6 tallos de apio medianos con 3 rebanadas de jamón y servir con 1 cucharadita de mostaza de grano entero.

Valor nutricional: 129kcal, 15g proteína, 6g carbohidratos (6g fibra), 3g grasas, 12% calcio, 24% Vitamina A, 12% Vitamina C, 90% Vitamina K, 18% Vitamina B1, 12% Vitamina B2, 24% Vitamina B3, 15% Vitamina B6, 24% Vitamina B9.

11. Yogurt con frutas tropicales

Mezclar 150g de yogurt griego con ½ taza de kiwi cortado y ¼ de taza de mango cortado.

Valor nutricional: 210kcal, 12g proteína, 25g carbohidratos (2g fibra, 19g azúcar), 8g grasas (5g saturadas), 13% calcio, 11% Vitamina A, 155% Vitamina C, 46% Vitamina K.

12. Yogurt de arándanos

Mezclar 150g de yogurt bajo en grasas con ½ taza de arándanos.

Valor nutricional: 136kcal, 8g proteína, 21g carbohidratos (2g fibra, 18g azúcar), 3g grasas (1g saturadas), 27% calcio, 13% Vitamina C, 18% Vitamina K, 21% Vitamina B2, 13% Vitamina B12.

13. Taza de Palomitas

Valor nutricional: 31kcal, 1g proteína, 6g carbohidratos (1g fibra).

14. Garbanzos asados

Valor nutricional para 50g: 96kcal, 4g proteína, 13g carbohidratos (4g fibra, 2g azúcar), 3g grasas.

RECETAS DE BATIDOS PARA FISICULTURISMO

Día 1

Desayuno: Batido todo en Uno

Batido de Energía y Masa Muscular

Todos sabemos lo difícil que es ganar masa muscular; siempre necesitamos un poco de ayuda con este problema. Así que aquí tiene un gran batido para mejorar el aumento de músculo y también fortalecer el cuerpo. Puede tomarlo en cualquier momento del día, pero le recomendamos el desayuno como un buen momento.

Preparación:

Mezcle todos los ingredientes juntos en una juguera o batidora a gran velocidad y disfrute de un delicioso batido.

Ingredientes:

- Leche, 400 ml

- 2 cucharadas Polvo de Proteína de Suero
- 2 bananas 140g
- Aceite de almendra 2 cucharadas.
- 1 manzana

Factores Nutricionales:

- Calorías: 443
- Proteínas: 32.5 g
- Carbohidratos: 45 g
- Grasas: 16 g

Día 2

Almuerzo: Batido Hágase Grande

Batido de Aumento Muscular

Comer grande para volverse grande es el secreto para obtener grandes cantidades de masa muscular, basado principalmente en un alto porcentaje de proteínas. Para alcanzar ese fin, debe poner mucho esfuerzo y alimentarse bien, y aquí tiene un gran batido para ayudarlo con esto.

Preparación:

Mezcle todos los ingredientes juntos en una juguera o batidora a gran velocidad y disfrute de un delicioso batido.

Ingredientes

- ½ taza Leche de Almendra sin azúcar
- 2 cucharadas jarabe de arce
- 2 bananas congeladas

- 1 cucharada Polvo de Proteína de Suero
- 3 cucharadas de manteca de almendra

Factores Nutricionales:

- Calorías: 830
- Grasas Totales: 30g (grasa saludable de la manteca de almendra)
- Carbohidratos: 115g
- Fibra: 14g
- Carbohidratos Netos: 101 g
- Libre de Gluten
- Proteínas: 46 g

Día 3

Desayuno: Batido sin polvo

Batido de Aumento Muscular

Obtenga lo más posible de su mezcla con esta gran receta. Se está quedando sin tiempo, y aun así quiere alcanzar su cuota nutricional, y esta bebida deliciosa está lista en menos de un minuto. Su cuerpo necesita un "súper" batido rico en proteína que le dará un buen balance de carbohidratos y proteínas, y qué mejor que hacerlo que con esta mezcla de ingredientes.

Preparación:

Mezcle todos los ingredientes juntos en una juguera o batidora a gran velocidad y disfrute de un delicioso batido.

Ingredientes

- Aceite de almendra 2 cucharadas.
- 2 cucharadas Mantequilla de Maní
- ½ - 1 cucharadita Miel
- 1 Banana mediana

- 2 tazas de leche

- 2 cucharadas Polvo de Proteína de Suero

Factores Nutricionales:

- Calorías: 601

- Proteínas: 49 g

- Carbohidratos: 63 g

- Grasas: 25 g

Día 4

Desayuno: Batido de Café Proteico

Batido de Aumento Muscular

Esta receta toma segundos hacerla, y será sabrosa. Asegúrese de usar todos los ingredientes, mezclarlos bien y servirla después de una sesión de entrenamiento. El aumento de músculo es una de las cosas más difíciles de conseguir en el gimnasio, así que cualquier ayuda que pueda obtener valdrá la pena.

Preparación:

Mezcle todos los ingredientes juntos en una juguera o batidora a gran velocidad y disfrute de un delicioso batido.

Ingredientes

- 2 cucharadas Polvo de Proteína de Suero
- 8 onzas Café
- 8 onzas 2% Leche
- 2 cucharadas Crema de Caramelo

Factores Nutricionales:

- Calorías: 398
- Proteínas: 58.4 g
- Carbohidratos: 13.4 g
- Grasas: 6.4 g

Día 5

Desayuno: Batido de Acumulación Proteica de Mantequilla de Maní

Batido de Aumento Muscular

Esta receta es genial para mejorar su desempeño en el gimnasio y para incrementar el crecimiento de músculo. Ponga los ingredientes en una batidora hasta que esté fluido. Quizás también quiera usar leche entera y mantequilla de maní adicional para convertir a este batido proteico en uno ganador de músculo de mayores calorías, depende de usted.

Preparación:

Mezcle todos los ingredientes juntos en una juguera o batidora a gran velocidad y disfrute de un delicioso batido.

Ingredientes

- 8 onzas Leche descremada
- 1 banana
- 1 cucharadas Mantequilla de Maní

- 2 cucharadas Polvo de Proteína de Suero

Factores Nutricionales:

- Calorías: 498

- Proteínas: 58 g

- Carbohidratos: 44.1 g

- Grasas: 11 g

Día 6

Desayuno: Batido Súper Rosa

Batido de Aumento Muscular

Cuando se trata de incremento de músculo masivo, es más importante consumir la cantidad correcta de calorías en una proporción adecuada de carbohidratos, para llenarse de proteínas para tener suficiente energía para entrenar y suficiente proteína para permitir que sus músculos se desarrollen.

Preparación:

Mezcle todos los ingredientes juntos en una juguera o batidora a gran velocidad y disfrute de un delicioso batido.

Ingredientes

- ¾ taza Frambuesas orgánicas congeladas
- ½ banana pequeña
- 1 cucharada Polvo de Proteína de Suero
- ½ cucharadas manteca de coco cruda

- 5 g glutamina

- 1 taza Agua de manantial

Factores Nutricionales:

- Calorías: 268

- Proteínas: 16.5 g

- Carbohidratos: 44.5 g

- Grasas: 6.7 g

Día 7

Desayuno: Batido Proteico de Banana

Batido de Aumento Muscular

Las proteínas son los nutrientes más importantes para el crecimiento muscular. Para asegurarse de que el cuerpo funcione apropiadamente. Para los practicantes del fisiculturismo, le permiten tener músculos más grandes siempre y cuando, obviamente, siga con un entrenamiento apropiado y tenga una dieta sana. Este es un batido fácil de hacer que tiene una gran cantidad de proteínas.

Preparación:

Mezcle todos los ingredientes juntos en una juguera o batidora a gran velocidad y disfrute de un delicioso batido.

Ingredientes

- 8 oz. Leche descremada
- 1 banana
- ½ taza de Avena

- 2 cucharadas de Polvo de Proteína de Suero

Factores Nutricionales:

- Calorías:554

- Proteínas: 58g

- Carbohidratos: 67.5g

- Grasas: 6g

Día 8

Desayuno: Batido Proteico de Banana y Bayas

Batido Proteico de Aumento de Masa

Este es un gran batido para obtener fuerza y masa muscular en un periodo corto de tiempo, sin retrasos. Es saludable, natural, y tendrá un gran impacto en su rutina de gimnasio. Así que veamos los ingredientes y todo lo que tiene para ofrecerle.

Preparación:

Mezcle todos los ingredientes juntos en una juguera o batidora a gran velocidad y disfrute de un delicioso batido.

Ingredientes

- 12 onzas de agua
- 4 cubos de hielo
- 1 banana
- 2 cucharadas de proteína de suero

Factores Nutricionales:

- Calorías:314
- Proteínas: 45.1g
- Carbohidratos: 32.1g
- Grasas: 2.4g

Día 9

Desayuno Sed de Almendra y Banana

Batido para Obtener Masa

Incremente su ganancia de músculo usando esta receta de batido, y luego siga el progreso el día después de entrenar para saber si le ayudó en su desempeño. Incluso puede prepararlo la noche anterior para que los ingredientes combinen mejor.

Preparación:

Mezcle todos los ingredientes juntos en una juguera o batidora a gran velocidad y disfrute de un delicioso batido.

Ingredientes

- 1 banana mediana congelada
- 1 taza yogurt natural
- 100 ml agua helada
- 1 onza Almendras molidas

Factores Nutricionales:

- Calorías: 650
- Proteínas: 53 g
- Carbohidratos: 75 g
- Grasas: 15 g

Día 10

Almuerzo: Batido Proteico de Canela

Batido Para Ganar Músculo

Siga esta receta de batido para aumentar la ganancia de músculo, con una ingesta de grasas baja. Puede tomar este batido en cualquier momento del día.

Preparación:

Mezcle todos los ingredientes juntos en una juguera o batidora a gran velocidad y disfrute de un delicioso batido.

Ingredientes

- 1 taza Leche descremada
- 1 Banana congelada
- 1 cucharada Polvo de Proteína de Suero
- 1 cucharada Mantequilla de Maní

Factores Nutricionales:

- Calorías: 391
- Proteínas: 38g
- Carbohidratos: 42.1g
- Grasas: 10g

Día 11

Desayuno: Batido Ganador Pesado

Batido para Obtener Masa

Aquí tiene una gran receta de batido que le dará un gran impulso de energía y también le ayudará a incrementar el desarrollo muscular. Así que esté listo para una gran experiencia que mejorará sus sesiones de gimnasio.

Preparación:

Mezcle todos los ingredientes juntos en una juguera o batidora a gran velocidad y disfrute de un delicioso batido.

Ingredientes

- 10-14 onzas agua pura
- 1/2 taza almendras crudas
- 1/2 banana congelada grande
- 2 cucharadas Polvo de Proteína de Suero

Factores Nutricionales:

- Calorías: 380
- Proteínas: 75 g
- Carbohidratos: 57 g
- Grasas: 15 g

Día 12

Desayuno: Batido de Energía Extrema

Batido Para Ganar Masa y Energía

Si estaba buscando algo que le suministre un poco de energía extra y le mejore el crecimiento muscular, debería probar esta receta. Este batido está lleno de ingredientes saludables. Se ha dicho que el té verde previene el cáncer y las semillas de lino dan una buena porción de omega 3, el cual es importante para el desarrollo del cuerpo.

Preparación:

Mezcle todos los ingredientes juntos en una juguera o batidora a gran velocidad y disfrute de un delicioso batido.

Ingredientes

- 10 onzas de agua pura
- 10 frutillas (frescas o congeladas)
- 1 cucharada de aceite de semillas de lino
- 1/2 cucharadita polvo de té verde

- 1/2 cucharadita extracto de vainilla

- 1 cucharada Polvo de Proteína de Suero

Factores Nutricionales:

- Calorías: 420

- Proteínas: 50 g

- Carbohidratos: 42 g

- Grasas: 17 g

Día 13

Almuerzo: Batido de Duraznos

Batido de Aumento Muscular

Los duraznos en este batido le dan un gran sabor y el queso Cottage es una excelente fuente de proteínas, y fácil de digerir. El mejor momento del día para beber este batido sería en la mañana, pero puede hacerlo en cualquier momento.

Preparación:

Mezcle todos los ingredientes juntos en una juguera o batidora a gran velocidad y disfrute de un delicioso batido.

Ingredientes

- 8 onzas agua pura
- 1 durazno maduro
- 2 cucharadas de queso Cottage baso en grasa
- Azúcar negra
- 1.5 cucharadas Polvo de Proteína de Suero

Factores Nutricionales:

- Calorías: 250
- Proteínas: 40 g
- Carbohidratos: 21 g
- Grasas: 8 g

Día 14

Desayuno: Batido de Arándanos

Batido Para Ganar Músculo

Empecemos el día con esta genial receta de batido que mantendrá sus niveles de energía altos, y le proveerá la ingesta de proteínas necesarias para poder incrementar más músculo en un período de tiempo más corto. Los arándanos son buenos antioxidantes y ayudan a prevenir el cáncer.

Preparación:

Mezcle todos los ingredientes juntos en una juguera o batidora a gran velocidad y disfrute de un delicioso batido.

Ingredientes

- 10 onzas de agua pura
- 1/2 taza de arándanos frescos o congelados
- 1.5 cucharada Polvo de Proteína de Suero
- 2 cucharaditas de aceite de semilla de lino

Factores Nutricionales:

- Calorías: 210 g
- Proteínas: 39g
- Carbohidratos: 22 g
- Grasas: 4 g

Día 15

Desayuno: Batido de Frutilla

Batido para Ganar Músculo

No hay mejor forma de obtener resultados rápidos cuando se trata de incrementar el crecimiento de músculo que usar batidos, y esta receta sabrá deliciosa por la combinación de frutillas y queso Cottage.

Preparación:

Mezcle todos los ingredientes juntos en una juguera o batidora a gran velocidad y disfrute de un delicioso batido.

Ingredientes

- 10 onzas agua pura
- 8 frutillas congeladas
- 4 cucharadas de queso Cottage bajo en grasas
- 1.5 cucharada Polvo de Proteína de Suero

Factores Nutricionales:

- Calorías: 310 g
- Proteínas: 51g
- Carbohidratos: 27g
- Grasas: 7 g

Día 16

Desayuno: Batido Delicia de Banana

Batido para Ganar Músculo

Combine los siguientes ingredientes para obtener un batido con alto contenido de omega 3 y potasio, para ayudarlo a incrementar la ganancia de músculo y mantener un cuerpo saludable.

Preparación:

Mezcle todos los ingredientes juntos en una juguera o batidora a gran velocidad y disfrute de un delicioso batido.

Ingredientes

- 8 onzas agua pura
- 1/2 banana congelada
- 2 cucharadas Polvo de Proteína de Suero
- 2 cucharaditas de aceite de semillas de lino

Factores Nutricionales:

- Calorías: 350 g
- Proteínas: 65g
- Carbohidratos: 29g
- Grasas: 9g

Día 17

Desayuno: Batido de Ananá

Batido para Ganar Músculo

Pruebe esta sorprendente receta que es conocida por los resultados rápidos y el delicioso sabor. Es perfecta para ayudarlo a incrementar la ganancia de músculo, y tendrá un fuerte efecto en su sistema inmune.

Preparación:

Mezcle todos los ingredientes juntos en una juguera o batidora a gran velocidad y disfrute de un delicioso batido.

Ingredientes

- 1 taza de jugo de ananá
- 3 frutillas
- 1 banana
- 1 cucharadita de yogurt
- 1 cucharada Polvo de Proteína de Suero

Factores Nutricionales:

- Calorías: 340 g
- Proteínas: 63g
- Carbohidratos: 27g
- Grasas: 10g

Día 18

Desayuno: Batido Muscular

Batido Para Ganar Músculo

¿Tiene problemas para obtener músculos más grandes? Si la respuesta es sí, entonces debería probar esta receta, que le traerá resultados instantáneos en su entrenamiento y energía durante el día.

Preparación:

Mezcle todos los ingredientes juntos en una juguera o batidora a gran velocidad y disfrute de un delicioso batido.

Ingredientes

- 1 taza de leche descremada
- 1/2 taza yogurt natural bajo en grasas
- 1 banana cortada
- 2 cucharadas Polvo de Proteína de Suero
- 6 frutillas cortadas

- 1 cucharadita germen de trigo
- 1 cucharadas miel o jarabe de arce
- 1/4 taza de bayas congeladas
- Una pizca de nuez moscada o algarrobo en polvo

Factores Nutricionales:

- Calorías: 600
- Proteínas: 70g
- Carbohidratos: 54g
- Grasas: 15 g

Día 19

Desayuno: Batido de Avena

Batido Para Ganar Músculo

Este es un gran batido para incrementar la masa muscular y proteger su corazón. Le ayudará a estar alerta durante el día entero, así que vaya por él.

Preparación:

Mezcle todos los ingredientes juntos en una juguera o batidora a gran velocidad y disfrute de un delicioso batido.

Ingredientes

- 2 cucharadas Polvo de Proteína de Suero
- 1 taza de helado de vainilla sin azúcar
- 1 taza avena
- 2 tazas leche sin grasa
- 1.2 taza agua
- Una rociada de extracto de menta

Factores Nutricionales:

- Calorías: 621
- Proteínas: 65g
- Carbohidratos: 58g
- Grasas: 22 g

Día 20

Almuerzo: Batido Tropical

Batido para Ganar Músculo

Este es uno de los más deliciosos batidos que he probado y estoy seguro que lo disfrutará. La mezcla entre banana, ananá y coco le da un sabor tropical que debería ir bien en la mañana o media mañana. Las bananas no necesitan estar congeladas, pero algunos prefieren que la bebida sea fría si recién han terminado de ejercitar.

Preparación:

Mezcle todos los ingredientes juntos en una juguera o batidora a gran velocidad y disfrute de un delicioso batido.

Ingredientes

- 8 onzas agua pura
- 1/2 cucharadita extracto de ananá
- 1/2 cucharadita extracto de coco
- 1 cucharada queso Cottage

- 1/2 banana congelada

Factores Nutricionales:

- Calorías: 540
- Proteínas: 25g
- Carbohidratos: 43g
- Grasas: 17g

Día 21

Almuerzo: Batido de Frutas

Batido para Ganar Músculo

Las proteínas son la clave para el crecimiento muscular y la recuperación. Asegúrese de probar este batido en cualquier momento del día. Este batido de bayas tiene muchas cualidades antioxidantes que lo beneficiarán mientras envejece, que previenen que se enferme tan seguido, y que pueden ser muy importantes cuando no puede tomarse descansos largos de entrenamiento.

Preparación:

Mezcle todos los ingredientes juntos en una juguera o batidora a gran velocidad y disfrute de un delicioso batido.

Ingredientes

- 2 cucharadas Polvo de leche proteica
- 4 frutillas grandes
- Arándanos (un pequeño puñado)
- Agua (unas pocas gotas)

- 3 huevos

Factores Nutricionales:

- Calorías: 470
- Proteínas: 45g
- Carbohidratos: 39g
- Grasas: 15g

Día 22

Desayuno: Batido Delicia de Pastel de Manzana

Batido para Ganar Músculo

Los atletas que consumen más proteínas ganarán más masa muscular que las personas sedentarias porque maximizan el potencial de crecimiento, así que asegúrese de tomar este batido justo antes o justo después de una sesión de entrenamiento. La mezcla de sabores de la manzana, canela y nuez moscada le dan un sabor original que normalmente no se encuentra en otros batidos.

Preparación:

Mezcle todos los ingredientes juntos en una juguera o batidora a gran velocidad y disfrute de un delicioso batido.

Ingredientes

- 1 cucharada Polvo de Proteína de Suero
- 1 Manzana pelada y sin centro, cortada en pedazos
- 1 1/2 tazas de leche
- 1/2 cucharadita canela

- 1/2 cucharadita nuez moscada
- 5 Cubos de hielo

Factores Nutricionales:

- Calorías: 350
- Proteínas: 35g
- Carbohidratos: 21g
- Grasas: 10g

Día 23

Desayuno: Batido de Calabaza

Batido Bajo en Carbohidratos

Aquí tiene un batido que es una gran fuente de proteínas y provee un alto nivel de energía durante el día. El aceite de lino y yogurt le proveen muchos ingredientes para el funcionamiento general del cuerpo, y ayudan a brindarle a este batido un impulso de calcio y omega 3.

Preparación:

Mezcle todos los ingredientes juntos en una juguera o batidora a gran velocidad y disfrute de un delicioso batido.

Ingredientes

- 2 Cucharadas Polvo de Proteína de Leche
- 8 onzas de agua
- 1 cucharadas aceite de lino
- 1 cucharadita especia de pastel de calabaza
- 8 onzas yogurt

- 4-6 cubos de hielo

Factores Nutricionales:

- Calorías: 300
- Proteínas: 40g
- Carbohidratos: 26g
- Grasas: 11g

Día 24

Desayuno: Batido de Canela

Batido para Ganar Músculo

Este batido debería ser consumido temprano en la mañana, antes de una sesión de entrenamiento, porque es un buen proveedor de energía y también le ayudará a acelerar la recuperación muscular.

Preparación:

Mezcle todos los ingredientes juntos en una juguera o batidora a gran velocidad y disfrute de un delicioso batido.

Ingredientes

- 1 galletas Graham
- 1/2 cucharadita canela
- Extracto de vainilla
- 12 onzas de agua
- 4 cubos de hielo

Factores Nutricionales:

- Calorías: 280
- Proteínas: 10g
- Carbohidratos: 15g
- Grasas: 5g

Día 25

Desayuno: Batido de Mantequilla de Maní y Banana

Batido Para Ganar Músculo

La mantequilla de maní es una gran fuente de proteínas y energía. Muchos atletas la usan como fuente principal de energía antes de entrenar o competir. La banana y el contenido de almendra mejoran el sabor y lo hacen más digestible.

Preparación:

Mezcle todos los ingredientes juntos en una juguera o batidora a gran velocidad y disfrute de un delicioso batido.

Ingredientes

- 2 cucharadas Polvo de Proteína de Suero
- 100g Almendras cortadas
- 1 cucharada Mantequilla de Maní
- 500ml Leche descremada
- Media banana

- 1 cucharada miel

Factores Nutricionales:

- Calorías: 600

- Proteínas: 55g

- Carbohidratos: 35g

- Grasas: 10g

Día 26

Desayuno: Batido Súper Mezcla

Batido Para Ganar Músculo

Dependiendo de su metabolismo, se adaptará a algunos batidos mejor que a otros. Para aquellos que prefieran un sabor más dulce en sus batidos, ésta es una buena opción. Puede adaptar algunos ingredientes para cambiar el sabor a su preferencia, como el caramelo, avellanas o yogurt de vainilla.

Preparación:

Mezcle todos los ingredientes juntos en una juguera o batidora a gran velocidad y disfrute de un delicioso batido.

Ingredientes

- 10 Cubos de hielo
- 12 onzas Leche descremada
- 2 cucharadas Yogurt de Vainilla descremado
- 1 cucharadas mantequilla de maní baja en grasas

- 2 cucharadas avellanas

- 1 cucharadas cubierta de helado de caramelo

Factores Nutricionales:

- Calorías: 430

- Proteínas: 23g

- Carbohidratos: 20g

- Grasas: 11g

Día 27

Desayuno: Batido de Banana Grasa Magra

Batido para Ganar Músculo

Las personas que se adhieren a una dieta o rutina para ganar músculo se beneficiarán mucho más si agregan batidos por la facilidad de preparación y la rapidez en que el cuerpo puede absorber proteínas y nutrientes.

Preparación:

Mezcle todos los ingredientes juntos en una juguera o batidora a gran velocidad y disfrute de un delicioso batido.

Ingredientes

- 1/2 banana congelada
- 2 cucharadas crema de leche (crema batida, no sacada de una lata)
- 2 huevos
- 10-12 onzas de agua
- 4-6 cubos de hielo

Factores Nutricionales:

- Calorías: 320
- Proteínas: 18g
- Carbohidratos: 15g
- Grasas: 9g

Día 28

Almuerzo: Batido Impulso Dulce

Batido para Ganar Músculo

Aquí tiene un gran ejemplo de un batido que tiene ingredientes muy diferentes, pero combinados son una gran fuente de proteínas y mejorarán su rendimiento en el gimnasio.

Preparación:

Mezcle todos los ingredientes juntos en una juguera o batidora a gran velocidad y disfrute de un delicioso batido.

Ingredientes

- 1 banana mediana o grande
- 8 onzas de Leche
- 1 cucharada mezcla de semillas de lino y almendras
- 1 cucharadita Jarabe de arce
- Pocas gotas de extracto/esencia de vainilla

- 3-4 cubos de hielo

- 1 cucharadas yogurt natural bajo en grasas

Factores Nutricionales:

- Calorías: 450

- Proteínas: 19g

- Carbohidratos: 16g

- Grasas: 10g

Día 29

Desayuno: Batido de Naranja

Batido Para Ganar Músculo

Empecemos el día con un batido genial para impulsar su sistema inmune y ayudarlo a incrementar el músculo. Esta receta es alta en Vitamina C y potasio por las frutillas y el jugo de naranja, que ayuda también a recuperarse más rápido.

Preparación:

Mezcle todos los ingredientes juntos en una juguera o batidora a gran velocidad y disfrute de un delicioso batido.

Ingredientes

- 8 onzas Jugo de naranja
- 4-5 cubos de hielo
- 1 cucharadita extracto de vainilla
- ½ banana
- 2-3 frutillas congeladas

- 2 cucharaditas miel

Factores Nutricionales:

- Calorías: 291

- Proteínas: 15g

- Carbohidratos: 12g

- Grasas: 5g

Día 30

Desayuno: Batido Explosión de Almendras

Batido Para Ganar Músculo

Planee tener una mejor digestión luego de este batido con la combinación de avena, pasas de uva, almendras y mantequilla de maní. Las pasas de uva le dan un gran sabor y la avena les da una textura diferente a otros batidos.

Preparación:

Mezcle todos los ingredientes juntos en una juguera o batidora a gran velocidad y disfrute de un delicioso batido.

Ingredientes

- 10-12 onzas de Leche descremada
- 1/2 taza de avena cruda
- 1/2 taza de pasas de uva
- 12 Almendras molidas
- 1 cucharadas de Mantequilla de Maní.

Factores Nutricionales:

- Calorías: 380
- Proteínas: 18g
- Carbohidratos: 15g
- Grasas: 12g

Día 31

Desayuno: batido de Bayas Silvestres

Batido para Ganar Músculo

Los arándanos son conocidos por tener mucha Vitamina C y antioxidantes, los cuales muchos profesionales sugieren como suplementos anti cancerígenos para las comidas diarias normales. Es la mezcla perfecta para aquellos que quieran ganar masa muscular y fuerza. Puede reemplazar un bocadillo regular con esta bebida saludable que no es muy alta en proteínas, pero que le ayudará a tomarse un descanso de otros batidos altos en proteínas que tomará diariamente.

Preparación:

Mezcle todos los ingredientes juntos en una juguera o batidora a gran velocidad y disfrute de un delicioso batido.

Ingredientes

- 8 frambuesas
- 4 frutillas

- 15 arándanos
- 16 onzas leche descremada
- ½ taza cubos de hielo

Factores Nutricionales:

- Calorías: 210
- Proteínas: 9g
- Carbohidratos: 10g
- Grasas: 8g

Día 32

Desayuno: Batido de Maní y Banana

Batido para Ganar Músculo

En términos de nutrición, este batido es alto en proteínas magras y carbohidratos complejos, por lo que incrementará el crecimiento muscular y la recuperación. También le dará un impulso de energía mientras entrena si lo bebe media hora antes.

Preparación:

Mezcle todos los ingredientes juntos en una juguera o batidora a gran velocidad y disfrute de un delicioso batido.

Ingredientes

- ½ taza de maní
- 1/2 Banana
- 1 taza Leche descremada
- 1/4 taza de Avena Quaker
- 2 Cubos de hielo

- Pizca de Sal

Factores Nutricionales:

- Calorías: 230
- Proteínas: 18g
- Carbohidratos: 12g
- Grasas: 5g

Día 33

Desayuno: Batido de Zanahoria y Ananá

Batido Para Ganar Músculo

Este batido podrá verse un poco extraño, pero créame que es uno bueno para usted y su cuerpo. Puede remover o bajar las porciones de algunos ingredientes dependiendo de su preferencia, ya que esta mezcla es muy diferente de otras.

Preparación:

Mezcle todos los ingredientes juntos en una juguera o batidora a gran velocidad y disfrute de un delicioso batido.

Ingredientes

- 1 taza de Leche chocolatada
- 3/4 c zanahoria rallada
- 10 trozos de ananá congelados
- 2 cucharaditas de coco rallado sin azúcar
- 1 cucharadita vainilla

- 1 cucharadita crema dulce
- 4 onzas Queso Neufchatel o queso crema

Factores Nutricionales:

- Calorías: 220
- Proteínas: 21g
- Carbohidratos: 13g
- Grasas: 13g

Día 34

Almuerzo: Batido de Calabaza

Batido Para Ganar Músculo

Gran receta de batido para ayudarlo a incrementar la ganancia de músculo con un sabor muy único que lo hace divertido de beber mientras se consume una cantidad decente de proteínas. Es el suplemento perfecto para la recuperación y ganancia de músculo.

Preparación:

Mezcle todos los ingredientes juntos en una juguera o batidora a gran velocidad y disfrute de un delicioso batido.

Ingredientes

- 3/4 taza Leche (cualquier tipo que le guste)
- 1/4 taza calabaza enlatada
- 1 cucharadas jarabe sabor pastel de calabaza
- 1/2 cucharadita especia de pastel de calabaza
- 10 cubos de hielo

Factores Nutricionales:

- Calorías: 235
- Proteínas: 20g
- Carbohidratos: 17g
- Grasas: 1.5g

Día 35

Desayuno: Batido de Arándanos y Manzana

Batido de Impulso Energético

Mantener un nivel alto de energía es el objetivo de este batido. También le proveerá de proteínas magras que le ayudarán incluso si está un poco cansado ese día, o si quiere presionarse más ese día.

Preparación:

Mezcle todos los ingredientes juntos en una juguera o batidora a gran velocidad y disfrute de un delicioso batido.

Ingredientes

- 1/2 manzana pequeña cortada en piezas pequeñas (con piel)
- 1/2 taza de cerezas (oscuras, dulces, picadas)
- 1/2 taza de arándanos
- 4 cucharadas germen de trigo
- Cubos de hielo (si se desea)

- 1/2 taza de proteína de suero

Factores Nutricionales:

- Calorías: 300
- Proteínas: 39g
- Carbohidratos: 18g
- Grasas: 5g

Día 36

Desayuno: Batido de Cereza y Banana

Batido de Impulso Energético

Dos ingredientes de gran sabor en un batido. Las cerezas y bananas proveen una gran fuente de fibra que su cuerpo necesita al consumir grandes porciones de proteínas. Pruebe esta bebida antes de cualquier sesión de entrenamiento, día o noche.

Preparación:

Mezcle todos los ingredientes juntos en una juguera o batidora a gran velocidad y disfrute de un delicioso batido.

Ingredientes

- 1/2 taza de cerezas (oscuras, dulces, picadas)
- 1/2 taza de banana
- 4 cucharadas germen de trigo
- Cubos de hielo (si se desea)
- 1/2 taza de proteína de suero

Factores Nutricionales:

- Calorías:300
- Proteínas: 39g
- Carbohidratos: 18g
- Grasas: 5g

Día 37

Desayuno: Batido Manía de Huevos

Batido Para Ganar Músculo

Puede tener una receta de batido para ganar músculo sin polvo de proteínas en ella y aun así ingerir una buena cantidad de proteína. Los garbanzos le dan un color verde pero no cambian el sabor. Es una gran combinación de proteínas y carbohidratos.

Preparación:

Mezcle todos los ingredientes juntos en una juguera o batidora a gran velocidad y disfrute de un delicioso batido.

Ingredientes

- 4 claras de huevo
- 1/2 taza de queso Cottage
- 1 banana
- 1/4 taza de garbanzos
- Rodajas de Ananá

- Leche de Coco
- Extracto de Coco puede ser agregado
- Cubos de hielo

Factores Nutricionales:

- Calorías:280
- Proteínas: 25g
- Carbohidratos: 40g
- Grasas: 4g

Día 38

Desayuno: Batido Alto en Proteínas

Batido Para Ganar Músculo

Incremente su desempeño en el gimnasio aumentando la cantidad de proteínas que ingiere diariamente. Este batido tiene muchas proteínas y mucho sabor.

Preparación:

Mezcle todos los ingredientes juntos en una juguera o batidora a gran velocidad y disfrute de un delicioso batido.

Ingredientes

- 1/2 taza de agua
- 1 cucharada Polvo de Proteína de Suero
- 2 cucharadas Miel
- 1 cucharadas Mantequilla de Maní suave
- 1/2 taza de hielo

Factores Nutricionales:

- Calorías:114
- Proteínas: 34g
- Carbohidratos: 5.2g
- Grasas: 4.5g

Día 39

Desayuno: Batido Mezcla de Frutas

Batido Para Ganar Músculo

Esta receta puede fácilmente reemplazar su desayuno, pero aun así mantener una porción saludable de comida para nutrir su cuerpo. Tiene muchos nutrientes que su cuerpo necesita para tener un buen comienzo en la mañana. Las proteínas y carbohidratos están incluidos en esta receta para darle energía y fuerza mientras entrena.

Preparación:

Mezcle todos los ingredientes juntos en una juguera o batidora a gran velocidad y disfrute de un delicioso batido.

Ingredientes

- 1/2 banana cortada
- 1/2 taza de frutillas trozadas
- 1 manzana pequeña
- 1 ciruela pequeña

- 1 taza de leche chocolatada

- 1 cucharada de Mantequilla de Maní suave

- 1 cucharada de Polvo de Proteína de Suero

Factores Nutricionales:

- Calorías: 700

- Proteínas: 46g

- Carbohidratos: 90g

- Grasas: 20g

Día 40

Desayuno: Batido de Chocolate

Batido para Ganar Músculo

Una gran forma de combinar una barra de chocolate amargo con los ingredientes apropiados para obtener un batido que incrementará su desempeño en el gimnasio y la ganancia de músculo.

Preparación:

Mezcle todos los ingredientes juntos en una juguera o batidora a gran velocidad y disfrute de un delicioso batido.

Ingredientes

- 1 barra de chocolate amargo
- 4 huevos
- 3 tazas Leche
- 1 cucharada Polvo de Proteína de Suero

Factores Nutricionales:

- Calorías: 290
- Proteínas: 45g
- Carbohidratos: 37g
- Grasas: 19g

Día 41

Desayuno: Batido Sabor de Todo

Batido Para Ganar Músculo

Esta receta es una excelente fuente de proteínas y fibra que su cuerpo necesita. Está llena de nutrientes y Vitaminas que le darán músculos más grandes y más energía al entrenar.

Preparación:

Mezcle todos los ingredientes juntos en una juguera o batidora a gran velocidad y disfrute de un delicioso batido.

Ingredientes

- Uvas: 4 uvas sin semilla
- Moras, frescas, 0.5 gramos
- Arándanos, frescos, 25
- Frutillas, frescas, 0.5 gramos
- Ananá, fresco, 1 rodaja fina

- Manzana, fresca, 10 gramos

- Yogurt Natural, bajo en grasas, 4 onzas

- Col Rizada, 0.5 gramos

- Brócoli, fresco, 1 tallo

- Naranjas, 0.5 gramos

- 1 cucharada Polvo de Proteína de Suero

Factores Nutricionales:

- Calorías: 280

- Proteínas: 48g

- Carbohidratos: 31g

- Grasas: 4.2g

Día 42

Desayuno: Batido Despiértese Ahora

Batido Para Ganar Músculo

De esta forma es como tendría que empezar el día, la energía será la palabra definitoria para este batido, pero no piense que no es bueno para obtener músculo también, porque estaría equivocado.

Preparación:

Mezcle todos los ingredientes juntos en una juguera o batidora a gran velocidad y disfrute de un delicioso batido.

Ingredientes

- 1 banana fresca mediana
- 2 porciones (60grs) de copos de avena
- 1-2 cucharadas Mantequilla de Maní suave
- 1 taza (250ml) de yogurt natural, bajo en grasas (0% - 1.5% mf)
- 0.5 cucharada (o menos) de canela molida

Factores Nutricionales:

- Calorías:650
- Proteínas: 28g
- Carbohidratos: 85g
- Grasas: 10g

Día 43

Almuerzo: Batido Mango Tango

Batido Para Ganar Músculo

Este es un gran batido que puede agregar a otros días para beber dos por día ya que es alto en fibra y bajo en grasas. Este batido magro le ayudará a combatir el cansancio del gimnasio y mejorará su desempeño.

Preparación:

Mezcle todos los ingredientes juntos en una juguera o batidora a gran velocidad y disfrute de un delicioso batido.

Ingredientes

- 2 frutillas grandes, frescas o congeladas
- 10 arándanos, frescos o congelados
- 1 taza de jugo de naranja
- 1/2 mango, fresco o congelado
- 1 cucharada polvo de proteína de leche

Factores Nutricionales:

- Calorías:250
- Proteínas: 30.5g
- Carbohidratos: 52g
- Grasas: 8.4g

Día 44

Desayuno: Batido de Ananá y Mandarina

Batido Para Ganar Músculo

Para obtener músculo, no hay secretos: ¡debe entrenar y comer bien! Tendrá problemas si no tiene suficiente energía mientras entrena y es por ello que agregar ingredientes que le darán un impulso cuando sea necesario hará toda la diferencia al intentar generar músculos más fuertes.

Preparación:

Mezcle todos los ingredientes juntos en una juguera o batidora a gran velocidad y disfrute de un delicioso batido.

Ingredientes

- 1/2 taza de Ananá, trozos congelados
- 1/2 taza mandarinas enlatadas
- 2 cucharaditas miel
- 1 cucharada Polvo de Proteína de Suero

Factores Nutricionales:

- Calorías: 150
- Proteínas: 39g
- Carbohidratos: 17g
- Grasas: 11g

Día 45

Desayuno: Batido de Mantequilla de Maní y Manzana

Batido Para Ganar Músculo

Los batidos pueden ser una gran fuente de calorías y energía, las cuales son necesarias para incrementar la masa muscular. Esta deliciosa receta está hecha para ayudarlo a incrementar la ganancia de músculo y mantener un nivel de energía alto.

Preparación:

Mezcle todos los ingredientes juntos en una juguera o batidora a gran velocidad y disfrute de un delicioso batido.

Ingredientes

- 3/4 taza de yogurt natural o de vainilla
- 2 cucharadas Mantequilla de Maní
- 1 Banana
- 1/8 taza Leche
- 3/4 taza de hielo

- 1 Manzana

Factores Nutricionales:

- Calorías:440

- Proteínas: 22g

- Carbohidratos: 50g

- Grasas: 19g

Día 46

Desayuno: Batido Súper de Banana

Batido Para Ganar Músculo

La leche de vainilla y almendra hará de este un gran batido proteico. Promueve el crecimiento de masa muscular sin desbalancear su dieta. Puede reducir o eliminar la canela para hacerlo de su preferencia específica.

Preparación:

Mezcle todos los ingredientes juntos en una juguera o batidora a gran velocidad y disfrute de un delicioso batido.

Ingredientes

- 1/2 taza de leche de vainilla y almendra
- 1/2 taza de agua
- 1/2 banana
- Pizca de canela
- 1 cucharada of polvo de proteína de vainilla

Factores Nutricionales:

- Calorías: 350
- Proteínas: 43g
- Carbohidratos: 25g
- Grasas: 5g

Día 47

Desayuno: Batido de Polvo de Avena Oscura

Batido Para Ganar Músculo

La combinación de chocolate amargo, queso Cottage y avena incrementará el desarrollo muscular y le dará ese impulso de energía que buscaba para el gimnasio, mientras mejora la digestión y fortalece su corazón.

Preparación:

Mezcle todos los ingredientes juntos en una juguera o batidora a gran velocidad y disfrute de un delicioso batido.

Ingredientes

- 1/2 taza de Queso Cottage (ó 1 taza de yogurt griego)
- 1/2 - 1 taza de agua (dependiendo de la espesura deseada) o leche
- 10g chocolate amargo
- ½ taza avena cruda
- 1/2 banana

- 1 cucharada Polvo de Proteína de Suero

Factores Nutricionales:

- Calorías:150

- Proteínas: 40g

- Carbohidratos: 20g

- Grasas: 8g

Día 48

Desayuno: Batido de Proteínas de Leche

Batido Para Ganar Músculo

Para generar y mantener masa muscular, necesita incrementar carbohidratos y proteínas para tener la energía necesaria para trabajar duro, y los ingredientes para permitir que los músculos se desarrollen plenamente.

Preparación:

Mezcle todos los ingredientes juntos en una juguera o batidora a gran velocidad y disfrute de un delicioso batido.

Ingredientes

- 1 cucharada polvo de proteína de leche
- 1/2 bananas
- 1/2 taza de rodajas de almendra
- 8 onzas Leche
- 3 cubos de hielo

Factores Nutricionales:

- Calorías:335
- Proteínas: 31g
- Carbohidratos: 25g
- Grasas: 18g

Día 49

Desayuno: Batido de Palta

Batido Para Ganar Músculo

Batidos proteicos con vegetales son poco comunes, pero deberían ser más normales por el valor que brindan a su dieta y su cuerpo. La palta es considerada por algunos como una "súper comida" y es genial para su cuerpo.

Preparación:

Mezcle todos los ingredientes juntos en una juguera o batidora a gran velocidad y disfrute de un delicioso batido.

Ingredientes

- 1/2 palta
- 1 cucharada coco rallado
- 1 taza leche de almendra
- 1 cucharada Polvo de Proteína de Suero

Factores Nutricionales:

- Calorías:300
- Proteínas: 35g
- Carbohidratos: 20g
- Grasas: 8g

Día 50

Desayuno: Batido Muy Baya

Batido Para Ganar Músculo

Una combinación de bayas y proteínas completa para mejorar el crecimiento muscular y la recuperación, todo en un batido. El sabor es magnífico y los resultados son aún mejores cuando necesita entrenar dure y quiere ver resultados.

Preparación:

Mezcle todos los ingredientes juntos en una juguera o batidora a gran velocidad y disfrute de un delicioso batido.

Ingredientes

- ½ taza de frutillas
- ¼ taza bayas mixtas (frambuesas, arándanos y moras)
- ¼ taza de jugo de granada orgánico
- ¼ taza de jugo de uva orgánico
- Un puñado de almendras rebanadas para la cubierta

- 1 cucharada Polvo de Proteína de Suero

Factores Nutricionales:

- Calorías: 200
- Proteínas: 31g
- Carbohidratos: 19g
- Grasas: 1g

CALENDARIO PARA QUEMAR GRASAS

Semana 1

Día 1:

Yogurt de frutas y frutos secos

Sopa de huevo con pollo y fideos

Pilaf de hongos con limón

Día 2:

Huevos y Desayuno vegano

Pavo frito revuelto

Berenjena rellena

Día 3:

Desayuno guacamole

Salmón asado al limón

Ensalada de naranjas, nueces y queso azul

Día 4:

Smoothie de fitness

Ensalada de Pollo y maíz

Curry rojo vegano

Día 5:

Panqueques de avena y banana

Trucha picante

Calabacines rellenos

Día 6:

Atún en tostada

Carne al ajo

Ensalada de frutas

Día 7:

Omelette de panceta y queso brie con ensalada

Arroz y sopa de tomate

Trucha ahumada con ensalada de remolacha, hinojo y manzana

Semana 2

Día 1:

Smoothie de bayas

Fideos de limón con brócoli y atún

Hongos muy condimentados

Día 2:

Envueltos de cebolla de verdeo y pavo

Pollo con hongos

Ensalada mexicana de arroz y frijoles

Día 3:

Huevos escalfados con salmón ahumado y espinaca

Habas y chile de pimienta

Vegetal tailandés y caldo de leche de coco

Día 4:

Humus con pan pita y vegetales

Pescado asado con Tomates marroquíes especiados

Sopa de lentejas, zanahoria y naranja

Día 5:

Avena con manzanas y pasas de uva

Estofado picante de mariscos

Curry de garbanzos y espinaca

Día 6:

Omelette de queso feta y tomates semi-secos

Pollo relleno de espinaca y dátiles

Zanahorias asadas con granada y queso azul

Día 7:

Yogurt de frutas y frutos secos

Gambas al curry

Ensalada mexicana de arroz y frijoles

Semana 3

Día 1:

Omelette de panceta y queso brie con ensalada

Chile de habas y pimienta

Trucha asada

Día 2:

Smoothie de fitness

Carne al ajo

Berenjena rellena

Día 3:

Desayuno guacamole

Pavo frito revuelto

Ensalada de frutas

Día 4:

Huevos y desayuno vegano

Salmón al limón asado

Curry rojo vegano

Día 5:

Panqueques de avena y banana

Sopa de huevo con pollo y fideos

Trucha ahumada con ensalada de remolacha, hinojo y manzana

Día 6:

Atún en tostada

Arroz y Sopa de tomate

Calabacines rellenos

Día 7:

Smoothie de bayas

Ensalada de pollo y maíz

Ensalada de naranja, nuez y queso azul

Semana 4

Día 1:

Avena con manzanas y pasas de uva

Fideos al limón con brócoli y atún

Sopa de lentejas, zanahoria y naranja

Día 2:

Huevos escalfados con salmón ahumado y espinaca

Pollo con hongos

Curry de garbanzos y espinaca

Día 3:

Envueltos de cebolla de verdeo y pavo

Estofado de mariscos picante

Zanahorias asadas con granada y queso azul

Día 4:

Omelette de queso feta y tomates semi-secos

Chile de habas y pimienta

Ensalada de frutas

Día 5:

Humus con pan pita y vegetales

Gambas al curry

Ensalada mexicana de arroz y frijoles

Día 6:

Yogurt de frutas y frutos secos

Pollo relleno de espinaca y dátiles

Vegetal tailandés y caldo de coco

Día 7:

Desayuno guacamole

Trucha asada

Berenjena rellena

2 días extras para un mes entero:

Día 1:

Smoothie de fitness

Ensalada de pollo y maíz

Ensalada de naranja, nuez y queso azul

Día 2:

Atún en tostada

Pavo frito revuelto

Curry rojo vegano

RECETAS DE COMIDAS PARA QUEMAR GRASAS

DESAYUNO

1. Omelette de queso feta y tomates semi-secos

Una receta realmente rápida, simple y baja en calorías, que le dará a su día el comienzo que merece. Por un puñado extra de sabor, use tomates conservados en una mezcla de aceite de oliva y hierbas italianas.

Ingredientes (1 porción):

2 huevos ligeramente batidos

25g queso feta desmenuzado

4 tomates semi-secos picados

1 cucharadita aceite de oliva

Hojas de ensalada mixtas, para servir

Tiempo de Preparación: 5 min

Tiempo de Cocción: 5 min

Preparación:

Calentar el aceite en una sartén antiadherente pequeña, agregar los huevos y cocinar, girando con una cuchara de madera. Cuando los huevos estén medio líquidos en el medio, agregar los tomates y el queso feta, y luego doblar el Omelette a la mitad. Cocinar por 1 minuto, y deslizarlo en un plato. Servir con una mezcla de hojas de ensalada.

Valor nutricional por porción: 300kcal, 18g proteína, 20g grasas (7 saturadas), 5g carbohidratos (1g fibra, 4g azúcar), 1.8g sal, 15% calcio, 22% Vitamina D, 20% Vitamina A, 15% Vitamina C, 25% Vitamina B12.

2. Avena con manzanas y pasas de uva

Un desayuno cálido llenador y rico en calcio que es suave con el estómago y perfecto para una comida pre-entrenamiento, por su alto contenido de carbohidratos. Espolvorear con un poco de canela para una fragancia amaderada dulce.

Ingredientes (2 porciones):

50g avena

250ml leche baja en grasas

2 manzanas peladas, en cubos

50g pasas de uva

½ cucharada miel

Tiempo de Preparación: 5min

Tiempo de Cocción: 10 min

Preparación:

Llevar la leche a hervir en una cacerola a fuego medio y revolver con la avena por 3 minutos. Cuando la mezcla se vuelva cremosa, agregar las manzanas y las pasas de uvas y hervir durante otros 2 minutos. Verter la mezcla en 2 tazones, agregar miel y servir inmediatamente

Valor nutricional por porción: 256kcal, 9g proteína, 2g grasas (1g saturadas), 47g carbohidratos (4g fibra, 34g azúcar), 17% calcio, 11% hierro, 17% magnesio.

3. Humus con pan de pita y vegetales

Este es un desayuno sencillo y nutritivo que puede hacer rápidamente por la mañana y llevar para el trabajo. El humus queda en la nevera y los vegetales pueden ser rellenados en el pan de pita, haciendo de esto un sándwich fácil de agarrar.

Ingredientes (2 porciones):

1 200g lata de garbanzos escurridos

1 diente de ajo machacado

25g de Tahini

¼ cucharadita comino

Jugo de ¼ de limón

Sal, Pimienta

3 cucharadas de agua

2 pan integral de pita

200g mix de verduras (zanahorias, apio, pepino)

Tiempo de Preparación: 15 min

Sin cocción

Preparación:

Combinar los garbanzos, ajo, Tahini, comino, jugo de limón, sal, pimienta y agua en una procesadora hasta que la mezcla se torne cremosa.

Servir con pan de pita tostado y mezcla de verduras

Valor nutricional por porción: 239kcal, 9g proteína, 9g grasas (1g saturadas), 28g carbohidratos (6g fibra, 4g azúcar), 1,1g sal, 27% hierro, 23% magnesio, 14% Vitamina B1.

4. Envueltos de cebolla de verdeo y pavo

¿Qué mejor manera que utilizar trozos de pavo de sobra, que para hacer un delicioso y rápido bocadillo de tortilla? Dese un lujo alto en proteínas, bajo en grasas saturadas y con el sabor picante de la albahaca.

Ingredientes (2 porciones):

130g pavo cocinado (hervido o al horno)

3 cebollas de verdeo trituradas

1 trozo de pepino rallado

2 hojas de lechuga rizada

1 cucharadas mayonesa ligera

1 cucharada pesto

2 tortillas de harina de trigo

Tiempo de Preparación: 5mins

Sin cocción

Preparación:

Mezclar el pesto y la mayonesa. Dividir el pavo, cebollas, pepino y lechuga entre las 2 tortillas. Rociar el pesto sobre la preparación, envolver y servir.

Valor nutricional por porción: 267kcal, 24g proteína, 9g grasas (2g saturadas), 25g carbohidratos (2g fibra, 3g azúcar), 1.6g sal, 34% Vitamina B3, 27% Vitamina B6.

5.   Smoothie de bayas

¿Qué mejor manera de conseguir la mitad del calcio diario que con esta comida a base de yogurt cremoso? Agregue un poco de fibras para hacerlo aún más nutritivo guardando la mitad de las bayas y agregándolas sobre el Smoothie cuando esté listo.

Ingredientes (2 porciones):

450g bayas congeladas

450g yogurt bajo en grasas

100ml leche baja en grasas

25g copos de avena

1 cucharadita miel (opcional)

Tiempo de Preparación: 10 min

Sin cocción

Preparación:

Mezclar las bayas, yogurt y leche en una procesadora hasta que quede suave. A continuación, añadir los copos de avena y revolver. Verter en 2 vasos y servir con un poco de miel.

Valor nutricional por porción: 234kcal, 16g proteína, 2g grasas (2g saturadas), 36g carbohidratos (14g azúcar), 45% calcio, 11% magnesio, 18% Vitamina B2, 21% Vitamina B12.

6. Huevos escalfados con salmón ahumado y espinaca

Un desayuno llenador y alto en proteína, que le dará a su día un comienzo muy satisfactorio. No tendrá problema en alcanzar su requerimiento diario de Vitamina A y su corazón le agradecerá por la abundante cantidad de ácidos grasos omega-3.

Ingredientes (1 porción):

2 huevos

100g espinaca picada

50g salmón ahumado

1 cucharada vinagre blanco

Un poco de manteca

1 rebanada de pan de trigo integral tostado

Tiempo de Preparación: 5 min

Tiempo de Cocción: 20 min

Preparación:

Calentar una sartén antiadherente, añadir la espinaca y revolver por 2 minutos.

Para escalfar los huevos, llevar una olla con agua a punto de ebullición, añadir el vinagre y luego bajar el fuego. Revolver el agua hasta formar un remolino, y agregar los huevos uno por uno. Cocinar cada uno por 4 minutos y retirarlo con una cuchara ranurada.

Enmantecar la tostada y luego poner la espinaca, el salmón ahumado y los huevos sobre la mista. Sazonar y servir.

Valor nutricional por porción: 349kcal, 31g proteína, 19g grasas (6g saturadas), 13g carbohidratos (4g fibra, 2g azúcar), 3.6g sal, 23% hierro, 23% magnesio, 197% Vitamina A, 46% Vitamina C, 21% Vitamina D, 15% Vitamina B6, 18% Vitamina B12.

7. Omelette de panceta y queso brie con ensalada

Un Omelette sabroso para aquellos que prefieren empezar el día con un relleno saludable de huevos y proteína. Corte el Omelette en trozos para darle otra mirada y saboree con una ensalada en vez del pan para reducir las calorías.

Ingredientes (2 porciones):

3 huevos ligeramente batidos

100g torreznos ahumados

50g queso brie en rodajas

Un pequeño manojo de cebollino picado

1 cucharada aceite de oliva

½ cucharadita vinagre de vino tinto

½ cucharadita mostaza de Dijon

½ pepino, cortado al medio y sin semillas

100g rábanos en cuartos

Tiempo de Preparación: 5 min

Tiempo de cocción: 15 min

Preparación:

Calentar una cucharadita de aceite en una pequeña sartén, agregar los torreznos ahumados y freír hasta que estén crujientes. Retirar y dejar escurrir sobre papel de cocina.

Calentar una cucharadita de aceite en una sartén antiadherente para freír, y mezclar los torreznos, huevos y un poco de pimienta molida. Verter la mezcla en la sartén y cocinar a fuego lento hasta que esté casi hecho. Añadir el brie y asar hasta que esté dorado.

Mezclar el resto del aceite de oliva, vinagre condimentos y mostaza en un tazón, y agregar los rábanos y pepino. Servir junto con el Omelette

Valor nutricional por porción: 395kcal, 25g proteína, 31g grasas (12g saturadas), 3g carbohidratos (2g fibra, 3g azúcar), 2.2g sal, 10% Vitamina A, 13% Vitamina C, 15% Vitamina D, 13% Vitamina B12.

8. Smoothie de fitness

Un batido vegano sin leche y con jugo de granada que le dará energía para el trabajo o mantener su entrenamiento. Puede agregar una cucharada de semillas de linaza para otros 2g de fibra al bajo costo de 37kcal extras.

Ingredientes (1 porción):

125ml leche de soja

150ml jugo de granada

30g tofu

1 banana grande en trozos

1 cucharadita miel

1 cucharada almendras

2 cubos de hielo

Tiempo de Preparación: 5 min

Sin cocción

Preparación:

Mezclar la leche de soja y el jugo de granada con 2 cubos de hielo hasta que este se haya roto.

Agregar la banana, miel y tofu, y mezclar hasta que esté suave. Verter en un vaso y espolvorear con las almendras fileteadas.

Valor nutricional por porción: 366kcal, 10g proteína, 12g grasas (1g saturadas), 55g carbohidratos (4g fibra, 50g azúcar), 13% calcio, 11% hierro, 15% magnesio, 14% Vitamina C, 25% Vitamina B6.

9. Atún en tostada

Una receta muy rápida, baja en calorías, que da una alta cantidad de Vitamina B12, protectora de las neuronas. Si quiere un impulso de energía, esparza la pasta en un trozo de pan de trigo integral (120kcal por pieza) y servir con el pimiento a un lado.

Ingredientes (4 porciones):

2 latas de atún en agua (185g), medianamente escurridas

3 huevos duros

1 cebolla de verdeo picada finamente

5 encurtidos pequeños en cubos

Sal, Pimienta

4 Pimientos cortados a la mitad, con las semillas limpiadas

Tiempo de Preparación: 5 min

Tiempo de Cocción: 10 min

Preparación:

Combinar el atún, huevos, cebolla de verdeo, encurtidos y sazón en una procesadora, y mezclar hasta que esté suave.

Llenar las mitades de los pimientos con la mezcla y servir.

Valor nutricional por porción: 240kcal, 23g proteína, 8g grasas (2g saturadas), 4g carbohidratos (1g fibra, 2g azúcar), 14% magnesio, 47% Vitamina A, 28% Vitamina B6, 142% Vitamina B12.

10. Panqueques de avena y banana

Disfrute de esta versión más saludable de panqueques con avena. La banana hace de un sutil sustituto del azúcar, pero puede agregar una cucharadita de miel (23kcal) en caso de que lo desee.

Ingredientes (8 panqueques):

50g copos de avena

4 huevos ligeramente batidos

2 bananas cortadas en trozos

½ cucharadita canela

1 cucharadita aceite de oliva para cada panqueque

Tiempo de Preparación: 5 min

Tiempo de Cocción: 30 min

Preparación:

Combinar todos los ingredientes en una procesadora. Calentar una sartén antiadherente, añadir una cucharadita de aceite y colocar ¼ de la mezcla. Cocinar en cada lado hasta que el panqueque quede ligeramente marrón.

Valor nutricional por panqueque: 135kcal, 4g proteína, 13g grasas (3g saturadas), 10g carbohidratos (1g fibra, 3g azúcar).

11. Desayuno Guacamole

No puede perderse de una comida que contiene aguacate. Alto en grasas saludables y fibra, con una textura suave y rico sabor realzado por un poco de jugo de limón, el desayuno de guacamole le dará energía hasta el almuerzo.

Ingredientes (2 porciones):

1 aguacate maduro

1 tomate grande picado

1 cebolla de verdeo finamente picada

1 diente de ajo machacado

Jugo de ½ limón

Sal

Pimienta negra molida

2 rebanadas de pan de trigo integral tostado

Tiempo de Preparación: 5 min

Sin cocción

Preparación:

Cortar el aguacate a la mitad (a lo largo), luego retire la pulpa con una cuchara y poner en un tazón grande. Hacerla puré con un tenedor. Verter el jugo de limón sobre la pulpa y agregar el tomate, cebolla de verdeo y ajo. Sazonar con sal y mucha pimienta negra. Mezclar, untar sobre una tostada y servir inmediatamente.

Valor nutricional por porción: 280kcal, 9g proteína, 13g grasas (2g saturadas), 30g carbohidratos (9g fibra, 5g azúcar), 10% hierro, 17% magnesio, 14% Vitamina A, 29% Vitamina C, 17% Vitamina B6.

12.   Desayuno de huevos cocidos y verdura

Un desayuno inventivo y fácil de preparar que cuece un huevo en vez de freírlo, ahorrándole una cantidad sustancial de grasas saturadas. Los huevos lo hacen llenador, mientras los vegetales no son solo sabrosos, sino que también están llenos de Vitamina A y C.

Ingredientes (1 porción):

2 setas de campo grandes

2 tomates medianos cortados al medio

100g espinaca

2 huevos

1 diente de ajo en rodajas finas

1 cucharadita aceite de oliva

Tiempo de Preparación: 5 min

Tiempo de Cocción: 30 min

Preparación:

Calentar el horno a 200°. Poner los tomates y setas en una fuente apta para horno. Agregar el ajo, rociar el aceite, sazonar y luego hornear por 10 minutos.

Poner las espinacas en una sartén grande y verter sobre una olla de agua hirviendo hasta que se marchite. Exprimir el exceso de agua y luego servirlas en un plato. Hacer un poco de espacio entre las verduras y romper los huevos en el plato. Cocinar por 10 minutos en el horno hasta que estén listos los huevos.

Valor nutricional por porción: 254kcal, 18g proteína, 16g grasas (4g saturadas), 16g carbohidratos (6g fibra, 10g azúcar), 31% hierro, 17% calcio, 29% magnesio, 238% Vitamina A, 11% Vitamina D, 102% Vitamina C, 18% Vitamina B1, 51% Vitamina B2, 20% Vitamina B3, 29% Vitamina B6, 22% Vitamina B12.

13. Yogurt de frutas y frutos secos

Una gran alternativa al cereal, este desayuno alto en carbohidratos lo mantendrá satisfecho hasta el almuerzo y le dará la energía necesaria para afrontar sus tareas. La mezcla de nueces proporciona una cantidad sustancial de grasas saludables, mientras que el yogurt se asegura de darle la mitad del calcio requerido por día.

Ingredientes (1 porción):

1 banana mediana en rodajas

100g arándanos (frescos o congelados)

20g nueces

20g avellanas

10g pasas de uva

200g yogurt sin grasas

Tiempo de Preparación: 5 min

Sin cocción

Preparación:

Mezclar la fruta con los frutos secos, poner en un tazón con yogurt y servir.

Valor nutricional por porción: 450kcal, 13g proteína, 25g grasas (2g saturadas), 54g carbohidratos (9g fibra, 32g azúcar), 44% calcio, 16% magnesio, 30% Vitamina C, 36% Vitamina B6.

ALMUERZO

14. Sopa de huevo con pollo y fideos

Un plato fácil y rápido de hacer, perfecto para una comida de mediodía. Los fideos contienen suficientes carbohidratos impulsadores de energía que lo sostendrán durante el día y la comida está llena de Vitamina B.

Ingredientes (2 porciones):

1 pechugas de pollo sin piel ni hueso, en cubos

1 huevo batido

0.6l sopa de pollo

1 cebolla de verdeo finamente picada

70g fideos de trigo integral

70g choclo dulce congelado o tierno, cortado a la mitad longitudinalmente

Jugo de limón

¼ cucharadita vinagre de jerez

Tiempo de Preparación: 10 min

Tiempo de Cocción: 15 min

Preparación:

Poner el pollo y la sopa en una olla grande y llevar a fuego lento por 5 minutos. Los fideos deben ser cocidos de acuerdo a las instrucciones del paquete.

Agregar el maíz y hervir por 2 minutos. Revolver la mezcla y cuando esté aun hirviendo, romper los huevos a través de un tenedor, vertiendo lentamente. Agitar la sopa de nuevo y retirar del fuego. Agregar el jugo de limón y el vinagre.

Escurrir los fideos y dividirlos en 2 tazones.

Verter el caldo, la cebolla picada y servir.

Valor nutricional por porción: 273kcal, 26g proteína, 6g grasas (1g saturadas), 30g carbohidratos (3g fibra, 2g azúcar), 1g sal, 96% Vitamina B3, 42% Vitamina B6.

15. Ensalada de pollo y maíz

Un pollo especiado con pimentón, servido con maíz dulce a la parrilla y una fresca lechuga, lo convierte en una ensalada sana y rápida, con grandes cantidades de Vitamina B. El aderezo a base de ajo encabeza una comida ya sabrosa

Ingredientes (2 porciones):

2 pechugas de pollo sin piel pequeñas

1 mazorca de maíz

2 lechugas gema pequeñas, cortadas en cuartos

½ pepino en cubos

1 diente de ajo machacado

1 cucharada aceite de oliva

1 cucharadita pimentón

Jugo de ½ limón

Aderezo (2 porciones):

1 diente de ajo aplastado

75ml leche cuajada

1 cucharada vinagre de vino blanco

Tiempo de Preparación: 20 min

Tiempo de Cocción: 20 min

Preparación:

Cortar las pechugas de pollo al medio en sentido longitudinal, para quedarse con 4 tiras de pollo. Mezclar el pimentón, ajo, 1 cucharadita de aceite, jugo de limón y sazón, y dejar marinar el pollo por 20 minutos.

Calentar una sartén, añadir el resto del aceite y cocinar el pollo durante 3-4 minutos por lado, hasta que esté bien cocido. Cepillar el maíz con el aceite remanente y cocinar unos 5 minutos hasta que esté ligeramente carbonizado. Asegúrese de cocinar de manera uniforme. Retirar la mazorca y cortar los granos.

Combinar los ingredientes para el aderezo.

Mezclar el pepino y la lechuga, poner el pollo y el maíz en la parte superior y rociar el aderezo.

Valor nutricional por porción: 253kcal, 29g proteína, 8g grasas (1g saturadas), 14g carbohidratos (3g fibra, 6g azúcar), 20% hierro, 40% magnesio, 96% Vitamina B3, 72% Vitamina B6.

16. Fideos al limón con brócoli y atún

Todo lo que necesita para preparar esta pasta de pescado picante que le dará una significante cantidad de energía son 15 minutos. La mezcla de fideos, atún y vegetales hacen de este un plato nutritivo en todos los aspectos.

Ingredientes (2 porciones):

180g fideos de trigo integral

100g lata de atún en aceite, escurrido

125g brócoli en pedazos

40g aceitunas verdes sin carozo, cortadas en cuartos

1 cucharada alcaparras escurridas

Jugo y ralladura de ½ limón

1 cucharadita aceite de oliva (más extra para servir)

Tiempo de Preparación: 5 min

Tiempo de Cocción: 10 min

Preparación:

Hervir los fideos de acuerdo a las instrucciones del paquete. Luego de 6 minutos, agregar el brócoli y hervir por 4 minutos más hasta que ambos estén tiernos.

Mezclar las aceitunas, cebolla, alcaparras, atún, ralladura de limón y jugo en un tazón grande. Escurrir la pasta y el brócoli, agregar al bowl y mezclar bien, sazonando con aceite de oliva y pimienta negra. Servir.

Valor nutricional por porción: 440kcal, 23g proteína, 11g grasas (2g saturadas), 62g carbohidratos (5g fibra, 4g azúcar), 1.4g sal, 12% hierro, 20% magnesio, 25% Vitamina A, 50% Vitamina B3, 25% Vitamina B6, 90% Vitamina B12.

17. Salmón al limón asado

Rico en grasas saludables, proteína y Vitaminas B, el salmón es un pescado que definitivamente merece un lugar en su plato. Sirva con una ensalada simple de tomate y verde para saborear el fino gusto de esta comida al limón.

Ingredientes (2 porciones):

2*150g filetes de salmón

Jugo y ralladura de ½ limón

10g estragón fresco, finamente picado

1 diente de ajo, finamente picado

1 cucharada aceite

Tiempo de Preparación: 5 min

Tiempo de Cocción: 10 min

Preparación:

Revolver la ralladura de limón, jugo, ajo, estragón y aceite de oliva en un plato, condimentar con sal y pimienta, y luego agregar los filetes de salmón. Frote la mezcla sobre el pescado, cubra y deje a un lado por 10 minutos.

Calentar la parrilla a fuego alto, remover los filetes de salmón de la salsa, poner en una bandeja de hornear y cocinar por 7-10 minutos.

Servir cuando el salmón esté cocido.

Valor nutricional por porción: 322kcal, 31g proteína, 22g grasas (4g saturadas), 1g carbohidratos, 12% Vitamina B2, 30% Vitamina B1, 60% Vitamina B3, 45% Vitamina B6, 79% Vitamina B12.

18. Arroz y sopa de tomate

Un plato abundante, el arroz y la sopa de tomate es una gran forma de tomar ventaja de los tomates frescos y sabrosos disponibles en verano. También puede servirlo frío, para un efecto refrescante.

Ingredientes (2 porciones):

70g arroz integral

200g tomates picados

1 cucharadita puré de tomate

1 cebolla de verdeo finamente picada

1 zanahoria finamente picada

½ tallo de apio finamente picado

½ l caldo de verduras hecho con 1 cubo

1 cucharadita azúcar

1 cucharadita vinagre

Unas hojas de perejil picado

Unas hojas de pesto para servir (opcional)

Tiempo de Preparación: 10 min

Tiempo de Cocción: 35 min

Preparación:

Calentar el aceite en una sartén grande, agregar la zanahoria, apio, cebolla y cocinar a temperatura media hasta que se ablanden. Agregar el vinagre y el azúcar, cocinar por 1 minutos y luego revolver con el puré de tomate.

Agregar los tomates, el caldo de vegetales y el arroz integral, cubrir y dejar hervir por 10 minutos.

Dividir en 2 bowls, esparcir un poco de perejil y sazonar. Agregar pesto si se desea.

Valor nutricional por porción: 213kcal, 6g proteína, 3g grasas (1g saturadas), 39g carbohidratos (4g fibra, 13g azúcar), 1.6g sal, 16% Vitamina A, 22% Vitamina C.

19.   Pollo relleno de espinaca y dátiles

Alta en proteína, con una cantidad de carbohidratos balanceada y un montón de Vitaminas, esta comida saludable cubre casi todo, desde nutrientes hasta sabor. El relleno de dátiles y espinaca le añade una dulzura bienvenida.

Ingredientes (2 porciones):

2 pechuga de pollo deshuesada y sin piel

100g espinaca cortada

1 cebolla pequeña finamente picada

1 diente de ajo finamente picado

4 dátiles finamente picada

1 cucharada jugo de granada o miel

1 cucharadita comino

1 cucharada aceite de oliva

100g judías verdes congeladas

Tiempo de Preparación: 10 min

Tiempo de Cocción: 15 min.

Preparación:

Calentar el horno a 200°. Calentar el aceite en una sartén antiadherente, añadir la cebolla, ajo y una pizca de sal, y cocinar por 5 minutos antes de añadir los dátiles, espinaca y mitad del comino. Cocinar durante otros 1-2 minutos.

Cortar las pechugas de pollo por la mitad longitudinalmente, y dejar una parte intacta de modo que se abra como un libro. Rellenar las pechugas y ponerlas en una bandeja de horno, añadir el resto del comino y sazonar. Rociar con el jugo o la miel y hornear durante 20 minutos. Servir con los guisantes congelados cocidos ligeramente al vapor.

Valor nutricional por porción: 257kcal, 36g proteína, 4g grasas (1g saturadas), 21g carbohidratos (3g fibra), 17% hierro, 23% magnesio, 97% Vitamina A, 36% Vitamina C, 96% Vitamina B3, 49% Vitamina B6.

20. Chile de pimienta y habas

Una comida vegetariana de mediodía saludable con un golpe picante, este plato es una gran manera de conseguir ½ o 1/3 de la cantidad necesaria de fibra. Puede servirla sobre una porción de arroz integral pequeña, con 170kcal añadidas a su comida.

Ingredientes (2 porciones):

170g pimientos sin semillas, en cubos

200g lata frijoles en salsa de chile

200g lata frijoles negros escurridos

200g tomates picados

1 cebolla pequeña picada

1 cucharadita comino

1 cucharadita polvo de chile

1 cucharadita pimentón dulce ahumado

1 cucharadita aceite de oliva

Tiempo de Preparación: 15 min

Tiempo de Cocción: 30 min

Preparación:

Calentar el aceite en una sartén grande, agregar la cebolla y pimientos y cocinar durante 8-10 minutos hasta que se ablanden. Añadir las especias y cocinar durante 1 minuto.

Agregar los frijoles y tomates, llevar a punto de ebullición y hervir por 15 minutos. Cuando el chile se haya espesado, sazonar y servir.

Valor nutricional por porción: 183kcal, 11g proteína, 5g grasas (1g saturadas), 26g carbohidratos (12g fibra, 12g azúcar), 16% hierro, 14% magnesio, 16% Vitamina A, 22% Vitamina C, 14% Vitamina B1.

21. Carne al ajo

Disfrute un filete de carne hecho rápidamente que no solo es alto en proteína y bajo en grasas y carbohidratos, sino también cargado de Vitamina B. Combínelo con unos tomates cherry para lograr una comida llenadora y refrescante.

Ingredientes (2 porciones):

300g falda de res recortada

3 dientes de ajo

2 cucharadas de vinagre de vino tinto

1 cucharadita granos de pimienta negra

200g tomates cherry, cortados al medio y con un chorrito de vinagre

Tiempo de Preparación: 10 min

Tiempo de Cocción: 15min

Preparación:

Aplastar los granos de pimienta y el ajo con una pizca de sal en un mortero hasta obtener una pasta ligeramente suave, luego añadir el vinagre. Poner la carne en un plato y rebozar la pasta sobre él. Dejar en la nevera por 2 horas.

Colocar una cacerola a fuego alto. Remover la pasta de la carne y agregar más sal. Cocinar durante 5 minutos de cada lado (asegurarse de que el corte no sea muy grueso). Poner la carne en una tabla de cortar y dejar reposar por 5 minutos antes de cortar en rodajas. Servir con tomates cherry.

Valor nutricional por porción: 223kcal, 34g proteína, 6g grasas, 7g carbohidratos (1g fibra, 3g azúcar), 22% hierro, 16% Vitamina A, 22% Vitamina C, 27% Vitamina B2, 42% Vitamina B3, 30% Vitamina B6, 64% Vitamina B12.

22. Pescado asado con Tomates Marroquíes especiados

Una comida con besugo que es una excelente fuente de proteína. La salsa sudafricana con sus especias aromáticas complementa el sabor y también va bien con sardinas y lubina.

Ingredientes (2 porciones):

2*140g filetes de besugo sin piel

3 tomates grandes

1 ½ pimiento rojo grande, sin semillas y cortado al medio

2 dientes de ajo machacados

20ml aceite de oliva

1 cucharadita comino

1 cucharadita pimentón molido

1/8 cucharadita pimienta negra

Una pizca de cayena

Racimo pequeño de perejil, picado

Manojo pequeño de cilantro, picado

Tiempo de Preparación: 30 min

Tiempo de Cocción: 15 min

Preparación:

Calentar la parrilla a alta temperatura, colocar los pimientos con el lado de la piel hacia arriba en una bandeja de horno y colocar en la parrilla hasta que quede negro y con ampollas. Poner los pimientos en un bowl cubierto firmemente y dejar enfriar. Cuando estén fríos, remover la piel quemada y cortarlos en pedazos pequeños.

Pelar los tomates, cortarlos en cuartos, sacar las semillas y cortar en cubos.

Calentar el aceite en una sartén grande, añadir el ajo, pimienta molida y las especias, y cocinar por 2 minutos. Agregar los pimientos y tomates y cocinar a fuego medio hasta que los tomates estén muy suaves. Aplastar los tomates y continuar la cocción hasta que el líquido se reduzca a salsa.

Calentar la parrilla a fuego alto, colocar el pescado en una bandeja para hornear forrada con papel de aluminio ligeramente engrasado. Sazonar y asar por 4-5 minutos hasta que esté bien cocido. Dividir la salsa en platos, poner el pescado encima y servir con las hierbas picadas.

Valor nutricional por porción: 308kcal, 25g proteína, 18g grasas (2g saturadas), 16g carbohidratos (4g fibra, 12 g azúcar), 23% magnesio, 45% Vitamina A, 55% Vitamina C, 12% Vitamina B1, 12% Vitamina B2, 14% Vitamina B3, 34% Vitamina B6.

23. Curry de gamba

Solo necesita 20 minutos para hacer este delicioso plato de mar saboreado de curry. La cremosa y aromática salsa de cerezas va bien con una porción de arroz integral (175kcal por porción).

Ingredientes (2 porciones):

200g gambas congeladas

200g tomates picados

25g crema de coco

1 cebolla pequeña picada

1 cucharadita pasta de curry rojo Thai

½ cucharadita raíz de jengibre fresco

1 cucharadita aceite de oliva

Cilantro picado

Tiempo de Preparación: 5 min

Tiempo de Cocción: 15 min

Preparación:

Calentar el aceite en una cacerola. Poner la cebolla y el jengibre y cocinar por unos minutos hasta que ablanden. Agregar la pasta de curry, revolver y cocinar por 1 minuto más. Verter los tomates y la crema de coco, llevar a punto de hervor y dejar cocinar por 5 minutos, agregando un poco de agua hirviendo si la mezcla se torna muy densa.

Agregar las gambas y cocinar por otros 5-10 minutos. Espolvorear con el cilantro y servir.

Valor nutricional por porción: 180kcal, 20g proteína, 9g grasas (4g saturadas), 6g carbohidratos (1g fibra, 5g azúcar), 1g sal, 18% hierro, 10% magnesio, 20% Vitamina A, 26% Vitamina C, 13% Vitamina B3, 25% Vitamina B12.

24. Pollo con setas

Un plato saludable, este guiso de pollo tiene una alta cantidad de proteína que lo mantendrá satisfecho hasta la cena. Los muslos de pollo añaden sabor y jugosidad adicional, mientras que los hongos son responsables de la sensación picante de esta comida de mediodía baja en calorías.

Ingredientes (2 porciones):

250g muslos de pollo sin piel

125ml caldo de pollo

25g guisantes congelados

150g setas

25g cubo de panceta

1 chalote grande picado

1 cucharada aceite de oliva

1 cucharadita vinagre de vino blanco

Harina para espolvorear

Puñado pequeño de perejil, finamente picado

Tiempo de Preparación: 15 min

Tiempo de Cocción: 25 min

Preparación:

Calentar una cucharadita de aceite en una sartén antiadherente, sazonar y espolvorear el pollo con la harina. Dorar en todos los lados y luego remover el pollo y freír la panceta y setas hasta que se ablanden.

Agregar el resto del aceite de oliva y cocinar los chalotes por 5 minutos. Agregar el caldo, vinagre y hierva por 1-2 minutos. Poner nuevamente el pollo, panceta y setas en la sartén y cocinar por 15 minutos. Agregar los guisantes y perejil, cocinar 2 minutos más y luego servir.

Valor nutricional por porción: 260kcal, 32g proteína, 13g grasas (3g saturadas), 4g carbohidratos (3g fibra, 1 g azúcar), 1g sal, 21% hierro, 39% Vitamina D, 12% Vitamina B2, 34% Vitamina B3, 17% Vitamina B6.

25. Revuelto frito de pavo

Alto en proteína, de rápida cocción y sabroso, este plato es un almuerzo perfecto y picante. Su contenido en carbohidratos lo llenará de energía, por lo que puede ser ideal para pre-entrenamiento.

Ingredientes (2 porciones):

200g filetes de pechuga de pavo cortada en tiras (sin grasa)

150g fideos de arroz

170g judías verdes cortados al medio

1 diente de ajo en rodajas

1 cebolla morada pequeña, cortada

½ chile rojo finamente picado

Jugo de ½ lima

½ cucharadita aceite de oliva

½ cucharadita polvo de chile

1 cucharadita salsa de pescado

Menta picada

Cilantro picado

Tiempo de Preparación: 10 min

Tiempo de Cocción: 15 min

Preparación:

Cocinar los fideos de acuerdo a las instrucciones del paquete. Calentar el aceite en una sartén antiadherente y freír el pavo a fuego fuerte durante 2 minutos. Añadir la cebolla, ajo y habas y cocinar por otros 5 minutos.

Poner el jugo de lima, chile, polvo de chile y salsa de pescado, revolver y cocinar por 3 minutos. Revolver en los fideos y hierbas de acuerdo a su gusto, y servir.

Valor nutricional por porción: 425kcal, 32g proteína, 3g grasas (1g saturadas), 71g carbohidratos (4g fibra, 4g azúcar), 1 g sal, 12% hierro, 10% magnesio, 12% Vitamina A, 36% Vitamina C, 13% Vitamina B1, 24% Vitamina B2.

26. Trucha picante

Pruebe esta receta de trucha fácil y saludable, para una comida liviana de verano. Una gran fuente de Vitamina B12, este pescado blanco al limón puede ser servido con una guarnición de ensalada verde espolvoreada con sal marina y un poco de jugo de limón para un sabor picante extra.

Ingredientes (2 porciones):

2 filetes de trucha

15g piñones tostados y picados

25g pan rallado

1 cucharadita mantequilla blanda

1 cucharadita aceite de oliva

Jugo y ralladura de ½ limón

1 puñado de perejil picado

Tiempo de Preparación: 10 min

Tiempo de Cocción: 5 min

Preparación:

Calentar la parrilla a fuego alto. Colocar los filetes con la piel hacia abajo sobre una fuente de horno aceitada.

Mezclar el pan rallado, jugo de limón y ralladura, mantequilla, perejil y la mitad de los piñones. Desparrame la mezcla en una capa fina sobre los filetes, rociar con el aceite y poner en la parrilla por 5 minutos. Espolvorear encima el resto de los piñones y servir con coliflor al vapor o judías verdes.

Valor nutricional por porción: 298kcal, 30g proteína, 16g grasas (4g saturadas), 10g carbohidratos (1g fibra, 1g azúcar), 11% magnesio, 14% Vitamina B1, 41% Vitamina B3, 25% Vitamina B6, 150% Vitamina B12.

27. Marisco picante

Invite a sus sentidos a esta mezcla picante de langostinos, almejas y pescado blanco que proporciona una cantidad abundante de proteína y cubre la mayor parte de las Vitaminas B. Asegúrese de usar mariscos frescos para maximizar el sabor de esta cazuela.

Ingredientes (2 porciones):

100g gambas grandes peladas

150g almejas

150g filetes de pescado blanco (cortados en trozos de 3cm)

250g papas pequeñas cortadas a la mitad y hervidas

130g tomates picados

350ml caldo de pollo

1 cebolla pequeña picada

2 dientes de ajo picados

1 chile ancho seco

Jugo de 1 lima

½ cucharadita pimentón picante

½ cucharadita comino molido

1 cucharadita aceite de oliva

Rodajas de lima para servir (opcional)

Tiempo de Preparación: 15 min

Tiempo de Cocción: 30 min

Preparación:

Tostar los chiles en una sartén caliente hasta que se hinchen un poco, a continuación, remover, quitar las semillas y el tallo. Remojar en agua hirviendo por 15 minutos.

Calentar el aceite de oliva en una sartén grande, agregar la cebolla y ajo, sazonar y cocinar hasta que estén suaves. Añadir el pimentón, ají, comino, tomate y caldo y rehogar por 5 minutos. Mezclar en una batidora hasta que esté suave. Verter nuevamente en la sartén y llevar a punto de hervor. Dejar hervir por 10 minutos. Agregar las gambas, filetes de pescado, almejas y papas, tapar y cocinar por 5 minutos a fuego medio-alto. Servir con rodajas de lima si le apetece.

Valor nutricional por porción: 347kcal, 44g proteína, 6g grasas (1 g saturadas), 28g carbohidratos (4g fibra, 7g azúcar), 1.1g sal, 18% magnesio, 12% Vitamina A, 40% Vitamina C, 16% Vitamina B1, 10% Vitamina B2, 23% Vitamina B3, 26% Vitamina B6, 62% Vitamina B12.

CENA

28. Berenjena rellena

Una comida vegetariana sabrosa, con un relleno de queso crujiente y pan rallado, que es ligera y perfecta para la cena. Olvídese de los pimientos rellenos y pruebe esta sabrosa berenjena.

Ingredientes (2 porciones):

1 berenjena

60g mozzarella vegetariana, en trozos

1 cebolla pequeña finamente picada

2 dientes de ajo finamente picados

1 cucharada aceite de oliva, más extra para servir

6 tomates cherry cortados al medio

Un puñado de hojas de albahaca picada

Pan rallado de trigo integral

Tiempo de Preparación: 15 min

Tiempo de Cocción: 40 min

Preparación:

Calentar el horno a 200°C. Cortar las berenjenas longitudinalmente por la mitad. Cortar un borde dentro de la berenjena de 1cm de espesor. Usando una cucharadita, remover la pulpa de la berenjena. Picar el relleno y dejar a un lado. Remojar las berenjenas con un poco de aceite, sazonar y poner en una fuente de horno. Cubrir con papel de aluminio y hornear 20 minutos.

Añadir el resto del aceite a una sartén antiadherente. Agregar la cebolla y cocinar hasta que esté suave, luego añadir la berenjena picada y cocinar. Agregar el ajo y los tomates, y cocinar por otros 3 minutos.

Cuando las berenjenas estén tiernas retirar del horno y rellenarlas. Espolvorear pan rallado y rociar con un poco de aceite. Reducir el calor del horno a 180°C. Hornear durante 15-20 minutos hasta que el queso se haya derretido y el pan rallado esté dorado. Servir con una ensalada verde.

Valor nutricional por porción: 266kcal, 9g proteína, 20g grasas (6g saturadas), 14g carbohidratos (5g fibra, 7g azúcar), 1g sal, 15% Vitamina A, 19% calcio.

29. Ensalada de naranja, nuez y queso azul

Pruebe esta ensalada agridulce con queso azul desmenuzado y nueces picadas para una cena ligera. Ésta receta sin cocción, alta en grasas saludables y Vitamina C, lleva solo 10 minutos para hacer y es una gran forma de terminar un día ocupado.

Ingredientes (2 porciones):

1*100g bolsa de ensalada mixta (espinaca, rúcula y berros)

1 naranja grande

40g nueces, picadas

70g queso azul desmenuzado

1 cucharadita aceite de nuez

Tiempo de Preparación: 10 min

Sin cocción

Preparación:

Vaciar la ensalada en un tazón. Pelar las naranjas y cortar los segmentos de la médula en un tazón pequeño para tomar el jugo. Batir el aceite de nuez en el jugo de naranja y verter sobre las hojas de ensalada. Mezclar la ensalada, dispersar algunos gajos de naranja, queso azul, nueces y servir.

Valor nutricional por porción: 356kcal, 14g proteína, 30g grasas (10g saturadas), 8g carbohidratos (3g fibra, 8g azúcar), 19% calcio, 10% magnesio, 20% Vitamina A, 103% Vitamina C, 10% Vitamina B1.

30. Ensalada mexicana de arroz y frijoles

Una comida picante baja en grasas con sabores latinoamericanos, la ensalada mexicana de arroz y frijoles está repleta con vegetales y es una cena llenadora. Retóquelo un poco y use una lata de frijoles mixtos para un plato más colorido.

Ingredientes (2 porciones):

90g arroz integral

200g lata ensalada de frijol negro escurrida

½ aguacate maduro, picado

2 cebollas de verdeo picadas

½ pimiento rojo, sin semillas y picado

Jugo de ½ lima

1 cucharadita mezcla de especias Cajún

Pequeño manojo de cilantro picado

Tiempo de Preparación: 15 min

Tiempo de Cocción: 20 min

Preparación:

Cocinar el arroz siguiendo las instrucciones del paquete. Escurrir y dejar enfriar en agua. Mezclar los frijoles, pimientos, cebollas y aguacate.

Mezclar el jugo de lima con pimienta negra y las especias Cajún, y luego verter sobre el arroz. Agregar el cilantro y servir.

Valor nutricional por porción: 326kcal, 11g proteína, 10g grasas (2g saturadas), 44g carbohidratos (6g fibra, 4g azúcar), 10% hierro, 15% magnesio, 11% Vitamina B1, 13% Vitamina B6.

31. Curry de garbanzos y espinaca

Prepare esta comida reconfortante para una gran noche. Alta en Vitamina A y proteína, este plato de verdura puede ser servido con un poco de pan indio. Cuidado con las calorías extras, un pedazo de pan indio contiene 140kcal.

Ingredientes (2 porciones):

1*400g lata garbanzos escurridos

200g tomates cherry

130g hojas de espinaca

1 cucharada pasta de curry

1 cebolla pequeña picada

Jugo de limón

Tiempo de Preparación: 5 min

Tiempo de Cocción: 15 min

Preparación:

Calentar la pasta de curry en una sartén antiadherente. Cuando empiece a separarse, agregar la cebolla y cocinar por 2 minutos hasta que se ablande. Añadir los tomates y dejar hervir hasta que la salsa se haya reducido.

Agregar los garbanzos y un poco de aderezo, y cocinar por un minuto extra. Remover del fuego, agregar la espinaca (el calor marchitará las hojas). Sazonar, agregar el jugo de limón y servir.

Valor nutricional por porción: 203kcal, 9g proteína, 4g grasas, 28g carbohidratos (6g fibra, 5g azúcar), 1.5g sal, 25% hierro, 29% magnesio, 129% Vitamina A, 61% Vitamina C, 58% Vitamina B6.

32. Vegetales Tailandeses y Caldo de Leche de Coco

Una porción de fideos al huevo cubierta con un delicioso caldo de verduras le da un sabor tailandés rápido y delicioso. Si prefiere un caldo más grueso, use menos caldo de verdura, de acuerdo a su gusto.

Ingredientes (2 porciones):

200ml lata leche de coco baja en grasas

500ml caldo de verduras

90g fideos al huevo

1 zanahoria cortada en juliana

¼ repollo blanco en rodajas

75g soja

3 tomates cherry cortados al medio

2 cebollas de verdeo pequeñas, cortadas por la mitad y en rodajas

Jugo de ½ lima

1 ½ cucharaditas pasta de curry rojo Thai

1 cucharadita azúcar negra

1 cucharadita aceite de oliva

Un puñado de cilantro picado

Tiempo de Preparación: 15 min

Tiempo de cocción: 10 min

Preparación:

Calentar el aceite en un wok y a continuación agregar la pasta de curry. Freír durante 1 minuto. Agregar el caldo de verduras, azúcar negra y leche de coco, y cocinar a fuego lento por 3 minutos.

Agregar los fideos, zanahorias, repollo y cocinar a fuego lento hasta que estén tiernos. Añadir los brotes de soja y los tomates, jugo de limón a gusto y un poco de condimento extra. Colocar la mezcla en tazones y espolvorear con cilantro y cebolla.

Valor nutricional: 338kcal, 10g proteína, 14g grasas (7g saturadas), 46g carbohidratos (5g fibra, 12g azúcar), 1.2g sal, 14% hierro, 16% magnesio, 10% Vitamina B3.

33. Calabacines rellenos

Una cena vegetariana sana, ligera para el estómago y una delicia de cocinar. Los calabacines se condimentan con una mezcla de piñones, tomates secos y queso parmesano fino. Puede pincelar los calabacines con un poco de peso en vez de aceite de oliva, antes de ponerlos en el horno.

Ingredientes (2 porciones):

2 calabacines cortados por la mitad longitudinalmente

2 cucharaditas de aceite de oliva

Ensalada mixta para servir

Relleno:

25g piñones

3 cebollas de verdeo finamente rebanadas

1 diente de ajo machacado

3 tomates secos en aceite escurridos

12g queso parmesano finamente rallado

25g migajas de pan blanco

1 cucharadita hojas de tomillo

Tiempo de Preparación: 10 min

Tiempo de Cocción: 35 min

Preparación:

Calentar el horno a 200°C. Poner los calabacines en una fuente para horno, con el corte hacia arriba. Pincelar con una cucharadita de aceite de oliva y cocinar por 20 minutos.

Mezclar todos los ingredientes del relleno en un tazón y sazonar con pimienta blanca. Verter la mezcla sobre los calabacines y rociar con el aceite de oliva restante. Hornear por otros 10-15 minutos, hasta que estén blandos y el relleno este crujiente. Servir caliente con una ensalada mixta.

Valor nutricional por porción: 244kcal, 10g proteína, 17g grasas (3 saturadas), 14g carbohidratos (3g fibra, 5g azúcar), 56% Vitamina C, 16% Vitamina B2, 21% Vitamina B6.

34. Ensalada de frutas

Una ensalada de frutas repleta de Vitamina C, endulzada con miel y lista para servir en 10 minutos. Agregue un poco de menta fresca para hacerla cantar.

Ingredientes (1 porción):

1 pomelo sin cáscara y sin médula

2 albaricoques en rodajas

2 naranjas peladas y sin médula

1 cucharadita miel clara

Tiempo de preparación: 5 min

Sin cocción

Preparación:

Poner los albaricoques en un tazón grande. Cortar las naranjas y pomelos en el tazón para tomar los jugos. Revolver con la miel y servir.

Valor nutricional por porción: 166kcal, 4g proteína, 36g carbohidratos (8g fibra, 28g azúcar), 46% Vitamina A, 184% Vitamina C, 13% Vitamina B1.

35. Setas condimentadas

Disfrute de una comida picante y saludable, con un acompañamiento de ensalada fresca y crujiente. Duplique la porción para un mayor contenido de fibra y proteína, o acompañe de una baguete mediana (150kcal).

Ingredientes (2 porciones):

8 setas planas grandes

2 dientes de ajo machacados

2 cucharadas de aceite de oliva

2 cucharadas salsa inglesa

2 cucharadas mostaza de grano entero

1 cucharadita pimentón

140g mezcla de hojas de ensalada, con berros y acelga

Tiempo de Preparación: 10 min

Tiempo de Cocción: 15 min

Preparación:

Calentar el horno a 180°C. Mezclar la mostaza, aceite, ajo y salsa inglesa en un tazón grande, sazonar con pimienta negra molida y sal. Agregar las setas a la mezcla y mezclar bien para cubrirlas de manera uniforme. Poner las setas en una fuente para horno, espolvorear con pimentón y cocinar por 8-10 minutos.

Dividir las hojas de ensalada en 2 porciones con 4 setas en cada plato. Verter los jugos y servir inmediatamente.

Valor nutricional por porción: 102kcal, 8g proteína, 14g grasas (2g saturadas), 8g carbohidratos (4g fibra), 1g sal, 20% Vitamina B2, 16% Vitamina B3.

36. Trucha Ahumada con Ensalada de Remolacha, Hinojo y Manzana

Un delicado pescado ahumado caliente complementado por una manzana crujiente y la colorida remolacha, hacen a una exótica ensalada con una combinación de sabor magnífica. La trucha es una fuente ideal de B12 y proteína de alta calidad.

Ingredientes (2 porciones):

140g filete de trucha ahumada sin piel

100g remolacha en vinagre, escurrida y descuartizada

4 cebollas de verdeo en rodajas

1 manzana verde sin piel, sin corazón y en rodajas

½ pequeño bulbo de hinojo recortado en rodajas finas

Pequeño manojo de hojas de eneldo, finamente picado

2 cucharadas yogurt bajo en grasas

1 cucharadita salsa de rábano picante

Tiempo de Preparación: 10 min

Sin cocción

Preparación:

Colocar el hinojo en un plato, dispersar las remolachas, cebolla de verdeo y manzana. Cortar la trucha en trozos gruesos y poner en la parte superior. Espolvorear con la mitad del eneldo.

Mezclar el yogurt y el rábano picante con 1 cucharada de agua fría. A continuación, añadir el resto del eneldo y revolver. Verter la mitad del aderezo sobre la ensalada y mezclar suavemente. Poner el resto del aderezo y servir.

Valor nutricional por porción: 183kcal, 19g proteína, 5g grasas (1g saturadas), 16g carbohidratos (5g fibra, 16g azúcar), 1.6g sal, 12% hierro, 11% Vitamina A, 20% Vitamina C, 20% Vitamina B1, 17% Vitamina B2, 20% Vitamina B3, 100% Vitamina B12.

37. Zanahorias asadas con granada y queso de cabra

Una comida completa cuando se trata de nutrientes, esta combinación de vegetales dulces y jugos amargos es una opción de cena saludable e interesante. Asegúrese de separar las semillas de granada y agregarlas antes de servir si planea hacer una gran cantidad.

Ingredientes (2 porciones):

375g zanahorias

40g semillas de granada

50g queso de cabra desmenuzado

200g lata garbanzos escurridos

Jugo y ralladura de ½ naranja

1 cucharada aceite de oliva

1 cucharadita semillas de comino

Pequeño montón de menta picado

Tiempo de Preparación: 10 min

Tiempo de Cocción: 50 min

Preparación:

Calentar el horno a 170°C. Poner las zanahorias en un tazón y revolver con la mitad del aceite de oliva, semillas de comino, ralladura de naranja y sal. Verter las zanahorias en una hoja de hornear y asar por 50 minutos hasta que se pongan tiernas y coloreadas en los bordes.

Revolver los garbanzos en las zanahorias asadas, y luego verter en un plato. Rociar con el aceite restante y el jugo de naranja. Añadir el queso de cabra, espolvorear con semillas de granada y hierbas, y servir.

Valor nutricional por porción: 285kcal, 12 g proteína, 15g grasas (6g saturadas), 30g carbohidratos (6g fibra, 16g azúcar), 15% calcio, 12% hierro, 14% magnesio, 610% Vitamina A, 28% Vitamina C, 12% Vitamina B1, 18% Vitamina B2, 11% Vitamina B3, 37% Vitamina B6.

38. Sopa de lentejas, zanahorias y naranja

Una sopa interesante hecha con jugo de naranja que hará más que cubrir su requerimiento diario de Vitamina C. Saludable, con sabores que funcionan bien juntos, esta receta es una delicia picante. Puede aguarla un poco si la encuentra demasiado espesa.

Ingredientes (2 porciones):

75g lentejas rojas

225g zanahorias en cubos

300ml jugo de naranja

1 cebolla picada

600ml caldo de verduras

2 cucharadas yogurt bajo en grasas

1 cucharadita semillas de comino

2 cucharaditas semillas de cilantro

Cilantro fresco picado para decorar

Tiempo de Preparación: 15min

Tiempo de Cocción: 35 min

Preparación:

Machacar las semillas en un mortero, luego freír en seco por 2 minutos hasta que se dore. Agregar las lentejas, zanahoria, cebolla, jugo de naranja, caldo y condimentos, y hervir. Cubrir y cocinar a fuego lento por 30 minutos hasta que las lentejas se ablanden.

Transfiera la mezcla a una procesadora y mezclar hasta que esté uniforme. Volver a la sartén, calentar a fuego medio y revolver ocasionalmente. Sazonar a gusto y verter en tazones, verter el yogurt encima, espolvorear con hojas de cilantro y servir inmediatamente.

Valor nutricional por porción: 184kcal, 8g proteína, 2g grasas, 34g carbohidratos (4g fibra), 1g sal, 340% Vitamina A, 134% Vitamina C, 16% Vitamina B1, 11% Vitamina B3, 13% Vitamina B6.

39. Curry Rojo Vegetariano

Podría tomar casi una hora para hacer, pero este plato tailandés seguramente pondrá su paladar en acción. Rico en nutrientes, este curry vegetariano cremoso tiene los ingredientes de un plato independiente, pero puede ser también servido con una guarnición de arroz integral hervido (175kcal extra).

Ingredientes (2 porciones):

70g setas

70g guisantes azucarados

½ calabacín picado en trozos

½ berenjena cortada en trozos

100g tofu firme cortado en cubos

200ml lata leche de coco baja en grasas

1 chile rojo (1/2 finamente cortado, ½ en rodajas)

¼ pimiento rojo sin semillas y picado

2 cucharadas salsa de soja

Jugo de 1 lima

1 cucharada aceite de oliva

10g hojas de albahaca

½ cucharadita azúcar negra

Pasta:

3 chalotes picados

2 chiles rojos pequeños

½ limoncillo picado

1 diente de ajo

10g de tallos de cilantro

½ pimiento rojo, sin semillas y picado

Ralladura de ½ lima

¼ cucharadita raíz de jengibre rallada

½ cucharadita cilantro molido

½ cucharadita pimienta molida

Tiempo de Preparación: 30 min

Tiempo de Cocción: 20 min.

Preparación:

Marinar el tofu en la mitad del jugo de lima, 1 cucharada de salsa de soja y el chile cortado.

Poner los ingredientes de la pasta en una procesadora de alimentos.

Calentar la mitad del aceite en una sartén, añadir 2 cucharadas de pasta y freír por 2 minutos. Agregar la leche de coco con 50ml de agua, la berenjena, calabacín y pimiento. Cocinar hasta que estén casi tiernos. Escurrir el tofu, secar y freír en el aceite restante en una cacerola pequeña hasta que se dore.

Añadir las setas, guisantes y la mayor parte de la albahaca. Sazonar con azúcar, resto del jugo de lima y salsa de soja. Cocinar hasta que las setas estén tiernas, y añadir el tofu. Espolvorear con la albahaca, añadir el chile en rodajas y servir.

Valor nutricional por porción: 233kcal, 8g proteína, 18g grasas (10g saturadas), 11g carbohidratos (3g fibra, 7g azúcar), 3g sal, 13% calcio, 12% hierro, 14% magnesio, 11% Vitamina A, 65% Vitamina C, 15% Vitamina B1, 21% Vitamina B2, 12% Vitamina B3, 22% Vitamina B6.

40. Pilaf de setas con limón

Este Pilaf de hongos bajo en grasas es tu boleto a una alternativa más ligera al risotto. Agregue un puñado de guisantes verdes para un plato más colorido, y siéntase libre de reemplazar los cebollines con cebollas de verdeo.

Ingredientes (2 porciones):

100g arroz integral

150g setas en rodajas

250ml caldo de verduras

1 cebolla pequeña cortada

1 diente de ajo machacado

3 queso fresco suave con ajo y hierbas

Ralladura y jugo de ½ limón

Pequeño manojo de cebollín

Tiempo de Preparación: 10 min

Tiempo de Cocción: 30 min

Preparación:

Colocar la cebolla en una sartén antiadherente, añadir unas cucharadas del caldo y cocinar por 5 minutos hasta que ablanden. Agregar el ajo y las setas y cocinar por 2 minutos más. Mientras mezcla, agregar el arroz integral y el jugo y ralladura de limón. Verter el caldo restante, sazonar y llevar a punto de hervor. Bajar el fuego, cubrir la sartén y dejar a fuego bajo por 30 minutos hasta que el arroz ablande. Revolver con la mitad del cebollín y queso. Dividir en 2 platos y servir con el queso y cebollín restante.

Valor nutricional por porción: 249kcal, 12g proteína, 4g grasas (2g saturadas), 44g carbohidratos, 2g fibra, 4g azúcar), 11% Vitamina A, 23% Vitamina B2.

RECETAS DE JUGOS REDUCTORES DE GRASAS

1.　Jugo Mezcla de Manzana

Este es un gran jugo para beber antes del ejercicio o la cena, y es una gran forma de ayudarlo a reducir grasas. ¿Y por qué es esto? Las manzanas son bajas en calorías y su fibra ayuda a que se sienta más satisfecho por mayor tiempo porque expande el estómago, lo cual significa menos calorías en su estómago. El jugo de pepino es muy rico en agua, y usted sabe que el agua es importante para la pérdida de grasa. En un estudio reciente, los adultos que consumían agua extra perdieron 4 libras de grasas corporales más que aquellos que no.

- Manzana: Mejora la salud neurológica
- Pepino: Ayuda en la reducción de grasas y digestión
- Limón: Ayuda a reducir el dolor y la inflamación en articulaciones y rodillas
- Naranjas: Regulan la presión alta
- Banana: Juega un rol en la preservación de la memoria y mejora su estado de ánimo

Ingredientes:

- Manzana - 1 mediana 162g
- Pepino - 1 pepino (301g)
- Limón - 1/2 fruta 25g
- Naranja - 1 grande 154g
- Banana - 1 mediana 150 g

¿Cómo prepararlo?:

- **Lave todos los ingredientes. Pelar si es necesario.**
- **Hágalos jugo todos juntos para una gran bebida.**

Cantidad total de calorías: 280

Vitaminas: Vitamina A 27µg, Vitamina C 101.2mg, Calcio 108mg, Vitamina B-6 0.328mg, Vitamina E 1.54mg, Vitamina K 49.7µg

Minerales: Cobre 0.418mg, Magnesio 52mg, Fósforo 137mg, Selenio 2.1µg, Zinc 1.07mg

2. Jugo Manía de Fruta

Pruebe este genial jugo que no solo es delicioso, pero también le ayudará a perder grasa más rápido y limpiar su cuerpo. Ingredientes como la pimienta de cayena pueden ayudar a avivar el fuego de su metabolismo. El mango, "la fruta de India" como es llamada a veces, tiene una riqueza de nutrientes, y es una Fuente superior de beta-carotenos y vitamina C. Esto significa que, a mayor cantidad de nutrientes, menos tiene que comer por comida. Así que asegúrese de agregar este jugo a sus comidas diarias.

- Manzana: Protege el cuerpo de los efectos de radicales libres
- Pimienta de Cayena: Posible agente anti cancerígeno
- Mango: Mejora la digestión
- Naranja: Alcaliniza el cuerpo
- Banana: Baja la presión sanguínea

Ingredientes:

- Manzana – 1 grande 213g
- Pimienta de Cayena (especia) - 1 pizca 0.11g
- Mango (pelado) - 1 fruta (sin grano) 316g

- Naranja (pelada) - 1 grande 154g
- Banana (pelada) – 1 mediana 150 g

¿Cómo prepararlo?:

- **Lave todos los ingredientes. Pelar si es necesario.**
- **Hágalos jugo todos juntos para una gran bebida.**

Cantidad total de calorías: 265

Vitaminas: Vitamina A 128µg, Vitamina C 122.1mg, Vitamina B-6 0.409mg, Vitamina E 2.38mg, Vitamina K 12.1µg, Calcio 68mg, Hierro 0.72mg

Minerales: Cobre 0.319mg, Magnesio 41mg, Fósforo 68mg, Selenio 1.9µg, Zinc 0.31mg

3. Jugo Magia de Manzana

Este es otro delicioso jugo que le ayudará a mejorar su estilo de vida, y acelerar la tasa en la que pierde grasa. Las zanahorias combaten la grasa por su contenido de fibra: más de la mitad es pectato de calcio, fibra soluble. Esto ayuda a bajar los niveles de colesterol en el cuerpo, eliminando ácidos biliares. A fin de cuentas, el colesterol será sacado del torrente sanguíneo para hacer más ácido biliar, y esto bajará su colesterol. También ayuda a eliminar el exceso de fluidos del cuerpo. Disfrute de este jugo e inclúyalo en su rutina diaria. Le dará resultados positivos.

- Manzanas: Previenen la demencia
- Zanahorias: Previenen ataques cardíacos
- Raíz de Jengibre: Ayuda a controlar los latidos del corazón
- Limón: Previene el crecimiento y multiplicación de bacterias patógenas
- Mango: Ayuda en la diabetes

Ingredientes:

- Manzanas - 1 mediana 180g

- Zanahorias - 2 medianas 112g
- Raíz de Jengibre - 1/2 pulgar 10g
- Limón (pelado) - 1/2 fruta 25g
- Mango (pelado) – 1/2 fruta 70 g

¿Cómo prepararlo?:

- **Lave todos los ingredientes. Pelar si es necesario.**
- **Hágalos jugo todos juntos para una gran bebida.**

Cantidad total de calorías: 161

Vitaminas: Vitamina A 521µg, Vitamina C 17.9mg, Calcio 30mg, Hierro 0.53mg, Vitamina B-6 0.212mg, Vitamina E 1.02mg, Vitamina K 12.9µg

Minerales: Cobre 0.114mg, Magnesio 21mg, Fósforo 54mg, Selenio 0.1µg, Zinc 0.25mg

4.   Jugo Impulsador de Pérdida de Grasa

Aquí tiene una receta simple de jugo, pero muy efectiva para la reducción de grasas. El repollo no es consumido tanto como se debería. Es una gran fuente de vitamina C, y tiene un alto contenido de fibra. Las peras también son una buena fuente de fibra. Los estudios han mostrado que, si come más de tres peras por día, consumirá menos calorías y perderá más grasa. También tienen un alto nivel de fructosa y glucosa, lo que provee una fuente natural de energía. Las peras contienen boro y esto ayuda al cuerpo a retener calcio, haciéndolo más saludable. Es una gran receta para usted y su familia.

- Manzana: Reduce el riesgo de diabetes
- Repollo: Ayuda a bajar la presión sanguínea
- Limón: Ayuda a curar el resfrío
- Peras: Previenen el cáncer

Ingredientes:

- Manzana - 1 mediana 180 g
- Repollo (colorado) - 3 hojas 72g
- Limón (con cáscara) - 1/2 fruta 27g

- Peras - 2 medianas 346g

¿Cómo prepararlo?:

- **Lave todos los ingredientes. Pelar si es necesario.**
- **Hágalos jugo todos juntos para una gran bebida.**

Cantidad total de calorías: 205

Vitaminas: Vitamina A 29µg, Vitamina C 48.1mg, Tiamina 0.059mg, Vitamina B-6 0.213mg, Vitamina E 0.3mg, Vitamina K 33.6µg, Calcio 52mg

Minerales: Cobre 0.203mg, Magnesio 27mg, Fósforo 50mg, Selenio 0.6µg, Zinc 0.3mg

5. Jugo Espinaca Súper

La espinaca es una gran fuente de fibra para nuestro sistema digestivo. Es un agente limpiador que remueve desechos que se han acumulado en el tracto digestivo en el tiempo. Por su efecto laxante en el cuerpo, también mejorará la función del tracto. El limón siempre ha sido un gran ingrediente cuando se trata de perder grasa, como así también las manzanas, ya que ayudan a bajar el colesterol. Es un jugo delicioso que puede disfrutar a cualquier hora.

- Apio: Ayuda a calmarlo
- Limón: Ayuda en la producción de jugos digestivos
- Peras: Ayudan a construir su sistema inmune
- Naranja: Regula la presión arterial alta
- Espinaca: Mantiene la piel y el cabello saludable
- Manzanas: Disminuyen el colesterol malo

Ingredientes:

- Apio – 3 tallos, grande 206g
- Limón (pelado) – ½ fruta 25g
- Pera - 1 mediana 170g

- Naranja (pelada) – 1 grande 180g
- Espinaca – 4 puñados 100g
- Manzanas – 2 medianas 350g

¿Cómo prepararlo?:

- **Lave todos los ingredientes. Pelar si es necesario.**
- **Hágalos jugo todos juntos para una gran bebida.**

Cantidad total de calorías: 243

Vitaminas: Vitamina A 406µg, Vitamina C 107.2mg, Calcio 219mg, Hierro 3.16mg, Colina 45.9mg, Vitamina B-6 0.56mg, Vitamina K 413.5µg

Minerales: Cobre 0.253mg, Magnesio 114mg, Fósforo 121mg, Selenio 1.3µg, Zinc 0.67mg

6. Jugo Fresco Maravilloso

Si su objetivo es bajar las grasas, pruebe esta receta de jugo. Lo empujará en la dirección correcta. Las remolachas son una gran forma de limpiar la sangre, y fortalecer la vejiga e hígado. Las zanahorias ayudan al hígado a limpiarse y liberar más bilis, y al mismo tiempo mejorará su sistema inmune, dándole un cuerpo saludable. También contienen beta-carotenos, que son conocidos por reducir el riesgo de muchos cánceres. Los nutrientes contenidos en este jugo le darán mucha fibra, y puede fácilmente reemplazar a una comida si fuese necesario, pero con la ventaja de tener menos calorías. Es una receta deliciosa que debería agregar a su vida diaria.

- Remolacha: soporte para desintoxicación
- Banana: Reduce el riesgo de leucemia
- Zanahorias: Mejoran la visión
- Pimiento: Previene la migraña

Ingredientes:

- Remolacha - 1/2 remolacha 40g
- Banana – 1 mediana 150g

- Zanahorias - 3 grandes 206g
- Pimiento (rojo dulce) - 1/2 mediana 54g

¿Cómo prepararlo?:

- **Lave todos los ingredientes. Pelar si es necesario.**
- **Hágalos jugo todos juntos para una gran bebida.**

Cantidad total de calorías: 85

Vitaminas: Vitamina A 1128µg, Vitamina C 59.5mg, Calcio 51mg, Colina 13.4mg, Folato 61µg, Vitamina B-6 0.319mg, Vitamina E 1.27mg

Minerales: Cobre 0.047mg, Magnesio 25mg, Fósforo 65mg, Selenio 0.3µg, Zinc 0.46mg

7. Fuente de La Vida

Aquí tiene una receta saludable y apetecible que le ayudará a reducir grasa. Las remolachas son beneficiosas para ayudar el hígado a limpiarse, lo que significa que el hígado ayudará a metabolizar grasas más efectivamente. El hígado obtendrá un impulso adicional de las zanahorias, ya que tienen poderosas propiedades que lo desintoxicarán. También eliminan el exceso de fluido del cuerpo. Las naranjas tienen alrededor de 59 calorías por fruta, son libres de grasa y altas en fibra. Ayudan mucho a bajar esos kilos extras. Solo buenos resultados pueden venir de beber este jugo.

- Manzana: Poderoso antioxidante natural
- Remolacha: Combate la inflamación
- Zanahoria: Reduce el riesgo de cáncer de pulmón
- Perejil: Excelente purificador de la sangre
- Naranja: Provee carbohidratos inteligentes

Ingredientes:

- Manzana - 1 mediana 180g
- Remolacha - 1/2 remolacha 40g
- Zanahorias - 3 mediana 170g

- Perejil - 1 puñado 40g

- Naranja (pelada) - 1 mediana 140 g

¿Cómo prepararlo?:

- **Lave todos los ingredientes. Pelar si es necesario.**

- **Hágalos jugo todos juntos para una gran bebida.**

Cantidad total de calorías: 110

Vitaminas: Vitamina A 1012µg, Vitamina C 34.8mg, Calcio 109mg, Hierro 2.38mg, Vitamina B-6 0.14mg, Vitamina E 1.24mg, Vitamina K 305.2µg

Minerales: Cobre 0.127mg, Magnesio 32mg, Fósforo 88mg, Selenio 0.4µg, Zinc 0.67m

8. Jugo Banana Max

Veamos si este delicioso jugo llena sus expectativas. La gran cosa acerca de los jugos es que le dan todos los nutrientes que necesita. La idea es que coma menos y tenga menos deseo de comida chatarra. El apio tiene un alto contenido de calcio, y ayuda a controlar la presión sanguínea alta. No nos olvidemos que el jengibre ayuda a digerir comidas grasas, y agregar limón a cualquier bebida acelerará la pérdida de grasa. Disfrute de este jugo cuando quiera. Puede fácilmente reemplazar cualquier bocadillo.

- Banana: Apoya la salud del corazón
- Repollo: Alto en sulfure, el mineral embellecedor
- Apio: Contiene sales buenas
- Vinagre de Sidra: mata patógenos, incluyendo bacterias
- Raíz de Jengibre: Controla la presión sanguínea
- Uvas: Reduce el riesgo de contraer cáncer

Ingredientes:

- Banana (pelada) – 1 mediana 150g
- Repollo (colorado) – ¼ cabeza mediana 201 g

- Apio – 2 tallos, 142g

- Vinagre de Sidra (manzana) – 1 cucharada 14.9g

- Raíz de Jengibre – 1 pulgar 24g

- Uvas – 14 uvas 80g

¿Cómo prepararlo?:

- **Lave todos los ingredientes. Pelar si es necesario.**

- **Hágalos jugo todos juntos para una gran bebida.**

Cantidad total de calorías: 130

Vitaminas: Vitamina A 108µg, Vitamina C 98mg, Vitamina B-6 0.429mg, Vitamina E 0.64mg, Vitamina K 74.3µg, Niacina 1.202mg, Calcio 142mg

Minerales: Cobre 0.211mg, Magnesio 54mg, Fósforo 107mg, Selenio 1.2µg, Zinc 0.4mg

9. Jugo Refrescante

Nuestro estilo de vida moderno nos hace tomar decisiones erróneas muchas veces cuando se trata de la dieta. Aquí tiene una receta de jugo que solo toma unos minutos para preparar, y le dará un inicio saludable a su día. Los duraznos son bajos en calorías, así que ayudarán a que se mantenga en una dieta baja en calorías. Las semillas de albahaca son una gran fuente de fibra, y tienen una reputación por los beneficios en reducción de grasa.

- Albahaca: Reduce la inflamación e hinchazón
- Zanahorias: Son un poderoso antiséptico
- Duraznos: Disminuyen el riesgo de cáncer
- Manzana: Protege las neuronas frente al estrés oxidativo

Ingredientes:

- Albahaca (fresca) - 3 hojas 1.5g
- Zanahorias - 14 medianas 854g
- Duraznos - 5 medianos 750g
- Manzana - 1 mediana 180 g

¿Cómo prepararlo?:

- **Lave todos los ingredientes. Pelar si es necesario.**
- **Hágalos jugo todos juntos para una gran bebida.**

Cantidad total de calorías: 352

Vitaminas: Vitamina A 4079µg, Vitamina C 75mg, Calcio 208mg, Vitamina B-6 0.911mg, Vitamina E 5.83mg, Vitamina K 76.9µg, Colina 56.2mg

Minerales: Cobre 0.621mg, Magnesio 102mg, Fósforo 290mg, Selenio 1.1µg, Zinc 2.25mg

10. Jugo Express Frutal

Este es un jugo genial que ayudará a que pierda libras o kilos, y a incrementar su energía. Los ingredientes usados en esta receta lo ayudarán con la digestión, estimulando los jugos digestivos, y bajará su colesterol. Si consume dos manzanas por día, su colesterol bajará tanto como 17 por ciento, lo cual dice mucho. No nos olvidemos de mencionar que está lleno de nutrientes, y las calorías consumidas son bastante bajas. Así que obtendrá el mismo resultado que con una comida, pero consumirá menos calorías. Es definitivamente ideal para la reducción de grasas.

- Manzanas: Reduce el riesgo de accidente cerebrovascular trombótico
- Zanahorias: Limpian el cuerpo
- Limón: Fortalece el hígado
- Duraznos: Ayudan con la salud del corazón
- Banana: Bajan la presión sanguínea

Ingredientes:

- Manzanas - 1 grande 200g
- Zanahorias – 8 medianas 500g

- Limón (piel externa cortada) - 1/2 fruta 40g
- Duraznos - 2 grandes 300g
- Banana (pelada) - 1 mediana 150g

¿Cómo prepararlo?:

- **Lave todos los ingredientes. Pelar si es necesario.**
- **Hágalos jugo todos juntos para una gran bebida.**

Cantidad total de calorías: 410

Vitaminas: Vitamina A 3128µg, Vitamina C 109.8mg, Calcio 194mg, Vitamina B-6 0.819mg, Vitamina E 4.44mg, Vitamina K 54.3µg, Colina 55.7mg

Minerales: Cobre 0.412mg, Magnesio 94mg, Fósforo 206mg, Selenio 1.2µg, Zinc 1.37mg

11. Jugo Dorado

Este es el jugo perfecto para usted si está buscando algo para ayudarlo a tener una cintura menor. Uno de los beneficios de usar la col rizada es que provee un golpe nutricional grande con menor cantidad de calorías por taza. El apio ayuda a calmar el nerviosismo por su alto contenido de calcio, y ayudará a controlar la presión sanguínea. También disminuye los niveles de colesterol por la pectina encontrada en las manzanas, asique este jugo puede tornarse en un verdadero amigo mientras pierde grasa.

- Manzana: Reduce el riesgo de desarrollar cáncer, diabetes y enfermedades cardíacas.
- Apio: Brinda hasta 10% de la vitamina A necesaria por día
- Pepino: Ayuda a prevenid diabetes, reduce el colesterol y controla la presión sanguínea.
- Raíz de Jengibre: Muy efectiva aliviando síntomas de malestar gastrointestinal
- Col Rizada: Es una gran comida antiinflamatoria
- Limón: Ayuda a mantener su sistema inmune

Ingredientes:

- Manzanas - 2 medianas 364g
- Apio - 2 tallos, 128g
- Pepino - 1 pepino 290g
- Raíz de Jengibre - 1 pulgar 20g
- Col Rizada - 4 hojas (8-12") 120g
- Limón - 1/2 fruta 40g

¿Cómo prepararlo?:

- **Lave todos los ingredientes. Pelar si es necesario.**
- **Hágalos jugo todos juntos para una gran bebida.**

Cantidad total de calorías: 215

Vitaminas: Vitamina B-6 0.77mg, Vitamina E 1.09mg, Niacina 2.637mg, Tiamina 0.315mg, Vitamina K 1128.7µg

Minerales: Cobre 2.47mg, Magnesio 119mg, Fósforo 207mg, Zinc 1.65mg

12. Jugo Energizante

Si estaba buscando un jugo que le ayude con la reducción de grasas, debería considerar este. Las remolachas son una gran forma de purificar no solo la sangre, sino también el hígado, y eso es una gran cosa porque ayuda a metabolizar grasa, así se libera de ella más rápido. Las zanahorias lo ayudan a eliminar el exceso de fluidos del cuerpo, así que la retención de agua se reduce, especialmente para mujeres. Obtendrá un impulso de energía por el alto contenido de fibra, y será una forma saludable de alimentar su cuerpo.

- Remolacha: Gran forma de impulsar su resistencia
- Repollo: Lleno de vitamina K, ayuda con la función mental y la concentración
- Zanahorias: Previenen las enfermedades cardíacas
- Limón: Juega el rol de purificador de la sangre
- Naranja: Protege la piel
- Ananá: Previene el asma
- Espinaca: Una de las mejores fuentes de potasio

Ingredientes:

- Remolacha – 1 remolacha 155g
- Repollo (colorado) - 2 hojas 40g
- Zanahorias - 2 medianas 143g
- Limón - 1/2 fruta 40g
- Naranja - 1 fruta 121g
- Ananá - 1/3 fruta 206g
- Espinaca - 2 puñados 50g

¿Cómo prepararlo?:

- **Lave todos los ingredientes. Pelar si es necesario.**
- **Hágalos jugo todos juntos para una gran bebida.**

Cantidad total de calorías: 195

Vitaminas: Vitamina B-6 0.60mg, Vitamina E 1.58mg, Vitamina K 149.6µg, Colina 43.8mg, Folato 261µg, Niacina 2.136mg

Minerales: Cobre 0.317mg, Magnesio 97mg, Fósforo 131mg, Selenio 2.1µg, Zinc 1.22mg

13. Jugo Refrescante

Las remolachas ayudan a desintoxicar el cuerpo, así que este jugo es perfecto para el programa de reducción de grasas. Beber jugo de limón ayuda a relajar la mente y el cuerpo reduciendo el estrés. Las zanahorias hacen un trabajo impresionante incrementando la producción de células blancas, y eso ayuda a generar un sistema inmune más fuerte, lo que conlleva a un cuerpo más fuerte.

- Manzanas: Son extremadamente ricas en antioxidantes importantes
- Remolacha: Tiene efectos anti cancerígenos
- Zanahorias: Alto nivel de beta-carotenos que actúan como antioxidante para prevenir daño celular
- Limón: Ayuda en la producción de jugos digestivos
- Naranja: Combate infecciones virales

Ingredientes:

- Manzana – 1 mediana 152g
- Remolacha – 1 remolacha 165g
- Zanahoria – 1 mediana 560g

- Limón – ½ fruta 40g

- Naranjas (peladas) – 2 frutas 242g

¿Cómo prepararlo?:

- **Lave todos los ingredientes. Pelar si es necesario.**

- **Hágalos jugo todos juntos para una gran bebida.**

Cantidad total de calorías: 275

Vitaminas: Vitamina B-6 0.945mg, Vitamina E 4.01mg, Vitamina K 60.8µg, Colina 71.4mg, Folato 233µg, Niacina 5.101mg

Minerales: Cobre 0.40mg, Magnesio 107mg, Fósforo 243mg, Selenio 2.3µg, Zinc 1.81mg

14. Jugo Sabor a Limón

Agregar jugo de limón a una bebida ayudará en la pérdida de grasas. Esta receta es genial para una dieta de reducción de grasas. Los limones ayudan a controlar la presión sanguínea alta y también son una gran fuente de vitamina C. Es mejor si se sirve luego de la cena y se combina con un estilo de vida activo. Todos los ingredientes le ayudarán a bajar el colesterol, y solucionarán sus problemas de indigestión.

- Arándanos: Neutralizan los radicales libres que podrían causar enfermedades y envejecimiento
- Limón: Ayuda a balancear los niveles de calcio y oxígenos en el hígado
- Granada: Regenera células

Ingredientes:

- Arándanos - 1 taza 128g
- Limón - 1/4 fruta 20g
- Granada – 1 fruta (262g)

¿Cómo prepararlo?:

- **Lave todos los ingredientes**
- **La granada puede ser agregada con la membrana, así ahorra tiempo y el sabor será aún genial.**
- **Hágalos jugo todos juntos para una gran bebida.**

Cantidad total de calorías: 168

Vitaminas: Vitamina A 3µg, Vitamina C 27mg, Vitamina B-6 0.209mg, Vitamina E 1.6mg, Vitamina K 49.4µg, Colina 21mg, Folato 63µg

Minerales: Cobre 0.346mg, Magnesio 28mg, Fósforo 76mg, Selenio 1.2µg, Zinc 0.57mg

15. Jugo Sentirse Vivo

Este es un maravilloso jugo para aquellos a los que les gusta la menta. El jengibre juega un rol grande en la reducción del colesterol LDL, porque la especia en ella reduce la cantidad completa de colesterol que se absorbe. También ayuda con la digestión de comidas grasas y la rotura de proteínas. Las naranjas tienen un efecto alcalino en el sistema digestivo que estimula los jugos digestivos, lo que le da un metabolismo más activo. Pruébelo. Le ayudará a deshacerse de esas libras o kilos difíciles de perder.

- Hinojo: tiene buenos niveles de potasio electrolito para el corazón
- Jengibre: Contiene aceites esenciales beneficiosos para la salud
- Limón: Balancea y mantiene los niveles de pH en el cuerpo
- Naranja: Reduce el riesgo de cáncer de hígado
- Menta: Inhibe el crecimiento de cáncer de próstata

Ingredientes:

- Hinojo (completo) - 1 bulbo 200g

- Raíz de Jengibre - 1/2 pulgar 14g
- Limón - 1/2 fruta 25g
- Naranja (pelada) - 1 grande 160g
- Menta - 5 hojas 0.25g

¿Cómo prepararlo?:

- **Lave todos los ingredientes. Pelar si es necesario.**
- **Hágalos jugo todos juntos para una gran bebida.**

Cantidad total de calorías: 84

Vitaminas: Vitamina A 14µg, Vitamina C 79.4mg, Vitamina B-6 0.144mg, Folato 66µg, Niacina 1.358mg, Riboflavina 0.101mg

Minerales: Cobre 0.173mg, Magnesio 36mg, Fósforo 96mg, Selenio 2mg, Zinc 0.41mg

16. Jugo Corazón de Manzana

Este jugo le ayudará a ser más saludable y perder grasas al mismo tiempo. Los nutrientes de los jugos son absorbidos fácilmente por nuestros cuerpos y eso equivale a un metabolismo más rápido. Las manzanas ayudan a bajar su colesterol por la pectina que contienen. Los limones son siempre geniales cuando se intenta bajar las grasas de su cuerpo. Solo piense en este jugo como un amigo que quiere ayudarlo a reducir un poco de grasa.

- Manzana: Previene el cáncer de mama
- Arándanos Agrios: Reducen el riesgo de enfermedad cardiovascular
- Raíz de Jengibre: Tiene efectos antiinflamatorios
- Limón: Previene la formación de acné y arrugas

Ingredientes:

- Manzanas - 3 medianas 500g
- Arándanos Agrios - 1/2 taza 50g
- Raíz de Jengibre - 1/4 pulgar 6g
- Limón - 1/2 fruta 42g

¿Cómo prepararlo?:

- **Lave todos los ingredientes. Pelar si es necesario.**
- **Hágalos jugo todos juntos para una gran bebida.**

Cantidad total de calorías: 204

Vitaminas: Vitamina A 23µg, Vitamina C 101.5mg, Hierro 0.68mg, Vitamina B-6 0.214mg, Vitamina E 1.19mg, Vitamina K 9.2µg, Calcio 76mg

Minerales: Cobre 0.193mg, Magnesio 35mg, Fósforo 61mg, Selenio 0.7µg, Zinc 0.25mg

17. Jugo A Cualquier Hora

La pérdida de grasas viene como resultado de beber jugos naturales, y aquí tiene una receta que realmente le gustará. El mejor beneficio del jengibre es que le ayudará a digerir comidas grasas y romper proteínas. La espinaca tiene un alto contenido de fibra, lo que ayuda a que obtenga más energía en menos calorías. El apio es considerado por muchos como una comida anti calorías, y agregándolo a su dieta usted mejorará los resultados de la reducción de grasas sin tanto esfuerzo. Pruébelo, siéntalo y deje que lo ayude con su plan diario de reducción de grasas.

- Manzanas: Reducen el riesgo de accidente cerebrovascular
- Apio: Ayuda a la digestión
- Pepino: Mejora el mal aliento
- Jengibre: tiene efectos anti microbios
- Limón: Mantiene la salud de los ojos
- Lima: Excelente reductor de grasas
- Espinaca: prevención de cáncer

Ingredientes:

- Manzanas - 2 mediana 350g
- Apio - 3 tallos, grande 182g
- Pepino - 1 pepino 300g
- Raíz de Jengibre - 1/2 pulgar 10g
- Limón (con cáscara) - 1/2 fruta 41g
- Lima (con piel) - 1 fruta 65g
- Espinaca - 2 tazas 50g

¿Cómo prepararlo?:

- **Lave todos los ingredientes. Pelar si es necesario.**
- **Hágalos jugo todos juntos para una gran bebida.**

Cantidad total de calorías: 185

Vitaminas: Vitamina A 648µg, Vitamina C 198.9mg, Calcio 304mg, Vitamina B-6 0.422mg, Vitamina E 2.39mg, Vitamina K 1904.6µg, Niacina 2.607mg

Minerales: Cobre 0.395mg, Magnesio 129mg, Fósforo 201mg, Selenio 1.9µg, Zinc 2.04mg

18. Jugo Manzana Limonada

Beber jugos es una gran forma de obtener nutrientes concentrados en nuestro cuerpo. Esta siguiente receta es genial, ayuda nuestro sistema digestivo a funcionar mejor limpiando el estómago y riñones, y eso lleva a un cuerpo más fuerte. Este jugo bajará su colesterol por los ingredientes particulares que tiene. El jugo de sandía previene la obstrucción de las arterias y al mismo tiempo aumenta el HDL, que es el colesterol bueno. Este es un gran jugo para tomar antes de cualquier rutina de ejercicio, ya que es una gran fuente de energía.

- Limón: Ayuda en la producción de jugos digestivos
- Tomate: Mantiene la presión sanguínea
- Sandía: Previene el asma
- Manzana: Mejora la salud neurológica

Ingredientes:

- Limón - 1/2 fruta 40g
- Tomate - 1 grande entero 171g
- Sandía - 1 cuña grande 560g
- Apple – 1 mediana 175g

¿Cómo prepararlo?:

- **Lave todos los ingredientes. Pelar si es necesario.**
- **Hágalos jugo todos juntos para una gran bebida.**

Cantidad total de calorías: 135

Vitaminas: Vitamina A 176µg, Vitamina C 68.5mg, Vitamina B-6 0.326mg, Vitamina E 0.98mg, Vitamina K 11.5µg, Calcio 58mg, Hierro 1.70mg

Minerales: Cobre 0.264mg, Magnesio 57mg, Fósforo 69mg, Selenio 1.6µg, Zinc 0.61mg

19. Jugo Poder Verde

Los jugos son una gran forma de mantener su cuerpo saludable y nos ayudan a ponernos en forma. Siempre que mezcla comidas como vegetales o frutas, se vuelven increíblemente fáciles de absorber. Significa que todos los nutrientes vitales serán absorbidos en el cuerpo a una tasa más rápida que las vitaminas u otros suplementos. Las zanahorias eliminan el exceso de fluidos del cuerpo, y por el contenido de vitamina A y beta-caroteno, las zanahorias podrían reducir el riesgo de muchos cánceres. Es una gran forma de proteger y nutrir a su cuerpo con una sola bebida.

- Manzana: Baja los niveles de colesterol malo
- Repollo: Ayuda a desintoxicar el cuerpo
- Zanahorias: Previenen las enfermedades cardíacas
- Raíz de Jengibre: Contiene aceites esenciales beneficiosos para la salud
- Espinaca: Contribuye a la salud ósea

Ingredientes:

- Manzanas - 2 medianas 364g
- Repollo (colorado) - ¼ cabeza, 140g

- Zanahorias - 4 medianas 244g
- Raíz de Jengibre - 1/2 10g
- Espinaca - 4 puñados 100g

¿Cómo prepararlo?:
- **Lave todos los ingredientes. Pelar si es necesario.**
- **Hágalos jugo todos juntos para una gran bebida.**

Cantidad total de calorías: 200

Vitaminas: Vitamina A 1818µg, Vitamina C 120mg, Vitamina B-6 0.73mg, Vitamina E 3.2mg, Vitamina K 404.1µg, Calcio 198mg, Niacina 2.936mg

Minerales: Cobre 0.288mg, Magnesio 111mg, Fósforo 161mg, Selenio 1.7µg, Zinc 1.15mg

20. Inicio de Mañana

Las personas necesitan realmente una alternativa saludable a las comidas procesadas y artificiales. Muchos aumentan en grasas porque no pueden controlar lo que comen. Algunos componentes proteicos en la espinaca son beneficiosos para reducir la presión arterial alta. Las pectinas en las manzanas, peras y zanahorias, bajan los niveles de colesterol también. El jengibre incrementa la circulación de sangre, y como resultado de esta gran mezcla, usted obtiene una alta cantidad de fructosa y glucosa, asegurándole la energía necesaria para un día activo. Este jugo puede ser disfrutado en la mañana o después de la cena; es una súper bebida cuando se trata de ingerir comidas con contenidos de mayor calidad.

- Manzana: Reduce el riesgo de diabetes
- Zanahorias: Mantienen una piel saludable y brillante
- Pepino: Reduce el colesterol y controla la presión sanguínea
- Jengibre: Ayuda a mejorar la motilidad intestinal
- Pera: beneficial para la salud del colon
- Espinaca: Previene la constipación y promueve un tracto digestivo saludable

Ingredientes:

- Manzana - 1 mediana 180g
- Zanahorias - 5 medianas 300g
- Pepino - 1 pepino 300g
- Raíz de Jengibre - 1 pulgar 24g
- Pera - 1 mediana 165g
- Espinaca - 2 puñados 50g

¿Cómo prepararlo?:

- **Lave todos los ingredientes. Pelar si es necesario.**
- **Hágalos jugo todos juntos para una gran bebida.**

Cantidad total de calorías: 211

Vitaminas: Vitamina A 1863µg, Vitamina C 60.9mg, Vitamina B-6 0.545mg, Vitamina E 2.37mg, Vitamina K 220.1µg, Calcio 151mg, Hierro 2.8mg

Minerales: Cobre 0.408mg, Magnesio 104mg, Fósforo 164mg, Selenio 1.2µg, Zinc 1.28mg

21. Simplemente Apio

Hacer jugos es realmente el arte de extraer el líquido y nutrientes de cualquier fruta o vegetal. Ayuda a crear energía y vitalidad como algunas pastillas pueden alcanzar. Esta receta mejorará la tasa de reducción de grasas, y al mismo tiempo le dará todas las vitaminas y minerales diarios que su cuerpo necesita. El cuerpo humano es casi 75% agua, así que, para el correcto funcionamiento del cuerpo, la digestión y la desintoxicación, la ingesta diaria recomendada es de 2.5 litros. El agua es un elemento fuerte al intentar bajar las grasas, así que debe concentrarse en beber mucha. Bebiendo este jugo, obtendrá una porción concentrada de los líquidos diarios requeridos que su cuerpo necesita, con nutrientes y fibra que le proveerán de un gran impulso de energía durante el día.

- Manzanas: Reducen el riesgo de diabetes
- Apio: Reduce la inflamación
- Mandarina: Cura lastimaduras

Ingredientes:

- Manzanas - 2 grandes 440g

- Apio - 8 tallos, grandes 510g
- Mandarina (pelada) - 1 pequeña 76g

¿Cómo prepararlo?:

- **Lave todos los ingredientes. Pelar si es necesario.**
- **Hágalos jugo todos juntos para una gran bebida.**

Cantidad total de calorías: 180

Vitaminas: Vitamina A 101µg, Vitamina C 57.2mg, Calcio 162mg, Vitamina B-6 0.427mg, Vitamina E 1.5mg, Vitamina K 101.7µg, Colina 30mg

Minerales: Cobre 0.217mg, Magnesio 61mg, Fósforo 127mg, Selenio 1.3µg, Zinc 0.45mg

22. Lleno de Energía

Este jugo tiene una alta concentración de potasio y fósforo, que son necesarios para un funcionamiento normal del cuerpo. El jugo de tomate sirve como un gran antioxidante y también mejorará la función digestiva. El alto contenido de vitamina C en este jugo le ayudará a mantener la integridad estructural de los huesos. La cebolla en genial para usar en cualquier receta, porque tiene una tasa baja-caloría/alta-fibra que es exactamente lo que necesita para reducir grasas en el cuerpo.

- Pepino: Combate el cáncer
- Cebolla: Elimina los radicales libres
- Perejil: Gran impulsador de inmunidad
- Pimiento: Ayuda a aliviar alergias
- Tomates: Reduce el riesgo de cáncer de próstata

Ingredientes:

- Pepino - 1 pepino 300g
- Cebolla (de verdeo/cebollín) - 1 mediana 15g
- Perejil - 1 puñado 40g

- Pimiento (rojo dulce) - 1/2 mediano 55g
- Tomates - 2 pequeños enteros 180g

¿Cómo prepararlo?:

- **Lave todos los ingredientes. Pelar si es necesario.**
- **Hágalos jugo todos juntos para una gran bebida.**

Cantidad total de calorías: 68

Vitaminas: Vitamina A 260µg, Vitamina C 126mg, Calcio 102mg, Vitamina B-6 0.412mg, Vitamina E 2.06mg, Vitamina K 522.6µg, Calcio 90mg

Minerales: Cobre 0.252mg, Magnesio 71mg, Fósforo 114mg, Selenio 0.7µg, Zinc 1.12mg

23. Zanahorias Dulces

"Zanahorias Dulces" le ayudará a mantener su cuerpo sano y reducir grasas al mismo tiempo. El jugo de pimiento ayudará significativamente a reducir el colesterol. Las zanahorias contienen beta-carotenos, que ayudan a reducir el riesgo de cáncer. La alta cantidad de Vitaminas y minerales encontrados en este jugo definitivamente acelerarán la tasa en la que usted se deshace de las grasas y empieza a verse mejor.

- Zanahorias: Reponen las vitaminas diarias
- Apio: Ayuda la digestión
- Pepino: Gran fuente de Vitamina B
- Perejil: Gran generador de sangre
- Pimiento: Ayuda a producir saliva por la pimienta cayena
- Tomates: El ácido fólico en los tomates ayuda con la depresión

Ingredientes:

- Zanahorias - 2 grandes 144g
- Apio - 3 tallos, grandes 192g

- Pepino - 1/2 pepino 150.5g

- Perejil - 2 puñados 80g

- Pimiento (verde, dulce) - 1/2 mediano 58g

- Tomates – 3 medianos enteros 360g

¿Cómo prepararlo?:

- **Lave todos los ingredientes. Pelar si es necesario.**
- **Hágalos jugo todos juntos para una gran bebida.**

Cantidad total de calorías: 107

Vitaminas: Vitamina A 1227µg, Vitamina C 142.3mg, Vitamina B-6 0.642mg, Vitamina E 3.15mg, Vitamina K 1013.3µg, Calcio 212mg, Hierro 5.55mg

Minerales: Cobre 0.416mg, Magnesio 105mg, Fósforo 200mg, Selenio 1.1µg, Zinc 1.80mg

24. Delicia de Lima

"Delicia de Lima" combina frutas y vegetales naturales saludables en una bebida que lo hará sentir lleno de energía y listo para un nuevo día. La pectina en las manzanas ayuda a su colesterol tanto como en 15 por ciento. También, los pimientos ayudan a su cuerpo a mejorar el metabolismo bajando los triglicéridos, lo que realmente hará una diferencia al perder grasas. Debería consumir este jugo para iniciar el día y sentir la diferencia al finalizarlo.

- Manzanas: Ayudan a reducir grasas
- Cilantro: Muy rico en numerosos antioxidantes
- Pepinos: Ayudan con el mal aliento
- Lima: Ayuda a eliminar toxinas
- Pimiento: Remedio para el dolor de muelas

Ingredientes:

- Manzanas - 2 medianas 360g
- Cilantro – 1 puñado 90g
- Pepinos - 2 pepinos 600g

- Lima (con cáscara) - 1/2 fruta 30g

- Pimiento (verde, dulce, sin semillas) - 1/2 mediano 56g

¿Cómo prepararlo?:

- **Lave todos los ingredientes. Pelar si es necesario.**

- **Hágalos jugo todos juntos para una gran bebida.**

Cantidad total de calorías: 179

Vitaminas: Vitamina A 244µg, Vitamina C 79.2mg, Vitamina B-6 0.442mg, Vitamina E 2.1mg, Vitamina K 227.6µg, Calcio 128mg, Hierro 2.68mg

Minerales: Cobre 0.419mg, Magnesio 80mg, Fósforo 153mg, Selenio 1.8µg, Zinc 1.25mg

25. Jugo Colorido

Creo que la reducción de grasas puede ser un reto para cualquiera que no pueda controlar cómo y qué comen, pero con persistencia y una mente seria, podrá lograr cualquier cosa. El "jugo colorido" le ayudará a llegar más cerca de su objetivo. Los espárragos contienen 3 gramos de fibra que rápidamente limpiarán el sistema digestivo. El apio ayuda a calmar el deseo de dulces, y ayuda a controlar la presión arterial alta. Contiene pro bióticos que selectivamente estimulan el crecimiento de bacteria amigable en el intestino, lo cual ayudará con la digestión. No nos olvidemos de mencionar la alta cantidad de nutrientes que serán absorbidos más fácilmente también. Este es un jugo obligatorio si realmente quiere ponerse en forma.

- Espárragos. Gran fuente de nutrientes
- Zanahoria: La vitamina A ayuda al hígado a eliminar las toxinas del cuerpo
- Apio: Muy bajo en calorías, gran opción para reducir grasas.
- Manzana: Regula el azúcar en sangre

Ingredientes:

- Espárragos - 4 lanzas 60g

- Zanahorias - 3 grandes 216g

- Apio - 2 tallos, grandes 128g

- Manzana – 1 mediana 180g

¿Cómo prepararlo?:

- **Lave todos los ingredientes. Pelar si es necesario.**

- **Hágalos jugo todos juntos para una gran bebida.**

Cantidad total de calorías: 71

Vitaminas: Vitamina A 1259µg, Vitamina C 14.1mg, Calcio 87mg, Hierro 1.40mg, Vitamina B-6 0.302mg, Vitamina E 1.55mg, Vitamina K 61.5µg

Minerales: Cobre 0.173mg, Magnesio 31mg, Fósforo 81mg, Selenio 1.3µg, Zinc 0.61mg

26. Jugo de Vacaciones

Tomar jugos es un forma divertida y fácil de poner frutas y vegetales en su dieta. Esta receta es saludable y deliciosa. Un gran beneficio de agregar col rizada en su jugo es que provee un golpe nutricional grande con uno de los recuentos de calorías más bajo por taza de todos los vegetales, y eso significa que lo ayudará a verse más delgado más rápidamente. El jugo de limón ayuda a bajar el colesterol y deshacerse de la grasa. Debería beber este jugo 30 minutos antes de cualquier comida para obtener mejores resultados.

- Manzanas: Contienen pectinas y bajar el colesterol LDL (malo)
- Apio: Ayuda a controlar la presión arterial alta
- Pepino: Contiene sílice, componente esencial del tejido conectivo saludable
- Jengibre: Alivia los efectos en alimentos digestivos
- Col Rizada: Ayuda a mantener un sistema inmune saludable
- Limón: Asiste en curar problemas respiratorios
- Naranja: Ayuda a estimular las células blancas para combatir infecciones

Ingredientes:

- Manzanas - 3 medianas 540g
- Apio - 3 tallos, grandes 190g
- Pepino - 1/2 pepino 150.5g
- Raíz de Jengibre - 1/2 pulgar 10g
- Col Rizada - 4 hojas 140g
- Limón - 1 fruta 50g
- Naranja (pelada, sin semillas) - 1 grande 180g

¿Cómo prepararlo?:

- **Lave todos los ingredientes. Pelar si es necesario.**
- **Hágalos jugo todos juntos para una gran bebida.**

Cantidad total de calorías: 295

Vitaminas: Vitamina A 531µg, Vitamina C 212.8mg, Calcio 294mg, Hierro 2.69mg, Vitamina B-6 0.627mg, Vitamina E 1.3mg, Vitamina K 735.8µg

Minerales: Cobre 1.664mg, Magnesio 103mg, Fósforo 211mg, Selenio 2.4µg, Zinc 1.19mg

27. Poder de Espinaca

El "poder de Espinaca" puede reemplazar un bocadillo o incluso parte de su desayuno, si está realmente hambriento. Es una gran fuente de energía y nutrientes. Para tener un cuerpo más fuerte, necesita que todas las funciones corporales funcionen eficientemente. Las remolachas han mostrado ayudar a limpiar la sangre, y metabolizar grasas. No nos olvidemos que son altas en carbohidratos, por lo que son una gran fuente de energía. El apio es una gran fuente de vitamina C y es alto en fibra, que es importante para el cuerpo.

- Manzanas: Bajan el riesgo de desarrollar cáncer de pulmón
- Remolacha: Es un gran tratamiento usado para la leucemia
- Zanahorias: El consumo de beta-carotenos reduce el riesgo de muchos cánceres
- Espinaca: Ralentizan la división de células cancerígenas en el cáncer de mama

Ingredientes:

- Manzana - 1 mediana 180g

- Remolacha - 1 remolacha 175g

- Zanahorias - 8 medianas 480g

- Espinaca - 3 tazas 90g

¿Cómo prepararlo?:

- **Lave todos los ingredientes. Pelar si es necesario.**
- **Hágalos jugo todos juntos para una gran bebida.**

Cantidad total de calorías: 190

Vitaminas: Vitamina A 3074µg, Vitamina C 50.5mg, Calcio 218mg, Vitamina B-6 0.765mg, Vitamina E 3.05mg, Vitamina K 368.6µg, Hierro 4.01mg

Minerales: Cobre 0.373mg, Magnesio 125mg, Fósforo 215mg, Selenio 2.1µg, Zinc 1.35mg

28. Proveedor de salud

Para vivir mejor y sentirse genial, usted necesita alejarse de la comida chatarra. Este jugo le proveerá a su cuerpo con un montón de los nutrientes que requiere. Hágalo en la mañana ya que es una gran fuente de energía, y le ayudará a mantener su metabolismo activo el día entero. La colina contenida en el jugo de remolacha es una gran forma de desintoxicar el sistema digestivo entero. Una zanahoria al día reduce el riesgo de ataque cerebrovascular en 68%, por lo que debería pensarlo dos veces antes de saltearse los vegetales. Altas cantidades de nutrientes hacen de este jugo una gran forma de alimentar su cuerpo para el día entero, acompañado de comida saludable

- Manzanas: Podrían proteger a las células cerebrales del daño de radicales libres, que llevan al Alzheimer.
- Remolacha: única fuente de betaína, un nutriente que ayuda a proteger las células
- Zanahorias: El alto nivel de beta-caroteno actúa como un antioxidante para el daño celular
- Apio: Regulan el balance alcalino del cuerpo
- Jengibre: Ayuda con problemas relacionados a la artritis
- Pepino: Rehidrata el cuerpo y repone vitaminas

Ingredientes:

- Manzanas - 2 medianas 360g
- Remolacha - 1 remolacha 175g
- Zanahorias - 4 medianas 240g
- Apio - 3 tallos 192g
- Raíz de Jengibre - 1/2 pulgar 10g
- Pepino - 1/2 pepino 150g

¿Cómo prepararlo?:

- **Lave todos los ingredientes. Pelar si es necesario.**
- **Hágalos jugo todos juntos para una gran bebida.**

Cantidad total de calorías: 215

Vitaminas: Vitamina A 1370µg, Vitamina C 34.2mg, Vitamina B-6 0.557mg, Vitamina E 2.04mg, Vitamina K 83.1µg, Calcio 160mg, Hierro 2.40mg

Minerales: Cobre 0.327mg, Magnesio 84mg, Fósforo 167mg, Selenio 1.6µg, Zinc 1.25mg

29. Buena Vida

"Buena Vida" es vital para mantener una buena salud y puede mejorar su reducción de grasas. Es fácil de preparar y obtendrá máximos beneficios cuando todos los ingredientes sean frescos. Las remolachas son un combustible genial para el cuerpo, conteniendo grandes cantidades de fibra esencial para el cuerpo. La espirulina contiene todos los aminoácidos esenciales que el cuerpo necesita, lo cual será una gran fuente al intentar ponerse más delgado.

- Remolacha: Ayuda a limpiar el hígado

- Apio: Protege los ojos y previene la degeneración de la visión relacionada con la edad

- Espinaca: Alto contenido de hierro, la hace una gran constructora de sangre

- Espirulina: Incrementa la resistencia e inmunidad

Ingredientes:

- Remolacha - 1 remolacha 175g

- Apio - 2 tallos, grandes 128g

- Espinaca - 3 tazas 90g

- Espirulina (seca) - 1 cucharadita 2.31g

¿Cómo prepararlo?:

- **Lave todos los ingredientes. Pelar si es necesario.**
- **Hágalos jugo todos juntos para una gran bebida.**

Cantidad total de calorías: 52

Vitaminas: Vitamina A 308µg, Vitamina C 23.7mg, Vitamina B-6 0.257mg, Vitamina E 1.45mg, Vitamina K 311.1µg, Calcio 110mg, Hierro 3.12mg

Minerales: Cobre 0.291mg, Magnesio 90mg, Fósforo 100mg, Selenio 2µg, Zinc 0.78m

30. Enrolle la Remolacha

Los jugos han estado con nosotros por un largo tiempo y son una de las mejores formas de absorber todos los nutrientes que las frutas y vegetales tienen para ofrecer. "Enrolle la remolacha" es fácil de preparar y, debido a la baja ingesta de calorías, verá grandes resultados pronto. El mejor momento del día para beberlo es la mañana, para que pueda empezar el día con un gran impulso de energía para mantenerlo activo

- Remolacha: Baja la presión sanguínea en un período corto de tiempo
- Zanahorias: Gran fuente de beta-carotenos
- Naranjas: Combaten infecciones virales

Ingredientes:

- Remolacha - 1 remolacha 170g
- Zanahorias - 2 medianas 120g
- Naranjas - 2 frutas 262g

¿Cómo prepararlo?:

- Lave todos los ingredientes. Pelar si es necesario.

- Hágalos jugo todos juntos para una gran bebida.

Cantidad total de calorías: 115

Vitaminas: Vitamina A 726µg, Vitamina C 104.6mg, Vitamina B-6 0.29mg, Vitamina E 0.84mg, Vitamina K 11.1µg, Calcio 111mg, Hierro 1.40mg

Minerales: Cobre 0.211mg, Magnesio 55mg, Fósforo 102mg, Selenio 1.7µg, Zinc 0.73mg

31. Golpe de Vida

Cuando se encuentre apurado, es fácil verse tentado por comidas enlatadas o procesadas que están en el mercado, simplemente porque son fáciles de conseguir. Pero más fácil no es siempre la mejor forma a largo plazo. La forma fácil de tener un bocadillo diario saludable que le provea con todas las vitaminas es el jugo, y éste está repleto de ingredientes vitales que mejorarán su sistema inmune y llenarán su cuerpo con lo que necesita para funcionar apropiada y eficientemente.

- Remolacha: Previene cáncer
- Zanahorias: Gran forma de proteger la piel del sol
- Apio: Ayuda con la digestión, incrementa la reducción de grasas
- Jengibre: Tiene efectos antiinflamatorios
- Lima: Balancea y mantiene el pH del cuerpo
- Pimienta: Ayuda a la reducción de grasas
- Espinaca: Mantiene la función de los músculos y nervios

Ingredientes:

- Remolacha - 170g

- Zanahorias - 210g

- Apio - 2 tallos 125g

- Raíz de Jengibre - 1 pulgar 20g

- Lima - 1/2 fruta 30g

- Pimiento (jalapeño) - 1 pimiento 10g

- Espinaca - 2 tazas 60g

¿Cómo prepararlo?:

- **Lave todos los ingredientes. Pelar si es necesario.**

- **Hágalos jugo todos juntos para una gran bebida.**

Cantidad total de calorías: 107

Vitaminas: Vitamina A 1457µg, Vitamina C 48.4mg, Vitamina B-6 0.507mg, Vitamina E 2.49mg, Vitamina K 241.1µg, Calcio 155mg, Hierro 3.01mg

Minerales: Cobre 0.301mg, Magnesio 96mg, Fósforo 151mg, Selenio 2µg, Zinc 1.21mg

32. Combatiente de Grasas

"Combatiente de Grasas" hará una diferencia en su pelea para deshacerse de la grasa, si es consumida unas pocas veces por semana. Estas frutas y vegetales tienen un montón que ofrecer por los verdes y las raíces que tiene. Las remolachas verdes son las hojas que vienen con la remolacha, y tienen una alta concentración de vitaminas cuando se las lava y mezcla en su jugo.

- Manzana: Por la pectina, ayuda a bajar grasas

- Verdes de Remolacha: Impulsan la resistencia y combates la inflamación

- Remolacha: Tiene efectos anti cancerígenos

- Zanahorias: Mejoran la visión y tienen un efecto anti envejecimiento

- Apio: Ayudan a la digestión por el alto contenido de agua combinado con fibra insoluble

- Jengibre: tiene efecto analgésico

Ingredientes:

- Manzana - 1 grande 220g

- Verdes de Remolacha (opcional) - 3 hojas 95g

- Remolacha - 1 remolacha 175g
- Zanahorias - 4 mediana 240g
- Apio – 1 tallo grande 60g
- Raíz de Jengibre - 1/2 pulgar 10g

¿Cómo prepararlo?:

- **Lave todos los ingredientes. Pelar si es necesario.**
- **Hágalos jugo todos juntos para una gran bebida.**

Cantidad total de calorías: 157

Vitaminas: Vitamina A 1645µg, Vitamina C 45.1mg, Vitamina B-6 0.4mg, Vitamina E 2.59mg, Vitamina K 307.1µg, Calcio 181mg, Hierro 3.51mg

Minerales: Cobre 0.371mg, Magnesio 109mg, Fósforo 162mg, Selenio 1.8µg, Zinc 1.21mg

33. Desayuno mañanero

No hay nada más refrescante que una bebida energizante en la mañana. Probándola diariamente, incrementará su resistencia y la pérdida de grasas mucho más rápido que si lo bebe una vez al mes. Esto es por el alto contenido de fibras y nutrientes. "Desayuno mañanero" también es muy bajo en calorías, y contiene raíz de cúrcuma que es un muy buen antiinflamatorio y uno de los grandes sanadores naturales.

- Manzana: Contiene laxantes naturales

- Zanahorias: Hacen maravillas para mejorar el sistema inmune

- Apio: Calma los nervios por su alto contenido de calcio

- Jengibre: Baja el colesterol LDL

- Limón: Genial para problemas de salud por su contenido de potasio

- Peras: Tienen antioxidantes que ayudan a prevenir la presión arterial alta

- Raíz de Cúrcuma: Tiene efectos antiinflamatorios poderosos

Ingredientes:

- Manzanas - 2 medianas 360g
- Zanahorias - 3 medianas 180g
- Apio - 3 tallos, grandes 190g
- Raíz de Jengibre - 1 pulgar 22g
- Limones (pelados) - 2 frutas 165g
- Peras - 2 medianas 355g
- Raíz de Cúrcuma - 6 pulgares 140g

¿Cómo prepararlo?:

- **Lave todos los ingredientes. Pelar si es necesario.**
- **Hágalos jugo todos juntos para una gran bebida.**

Cantidad total de calorías: 364

Vitaminas: Vitamina A 1107µg, Vitamina C 283.1mg, Vitamina B-6 1.025mg, Vitamina E 2mg, Vitamina K 73.6µg, Calcio 191mg, Hierro 3.41mg

Minerales: Cobre 0.743mg, Magnesio 115mg, Fósforo 212mg, Selenio 1.5µg, Zinc 1.35mg

34. Comienzo Saludable

Las batatas están llenas de potasio y calcio, que son importantes para todos, sin importar su estilo de vida. "Comienzo saludable" es rico en vitaminas y minerales. Pruebe esta bebida 30-60 minutos antes de comer, para permitir que su cuerpo absorba todos los nutrientes de las frutas y vegetales primero.

- Manzanas: Reducen el riesgo de cáncer
- Remolacha: Limpia el colon y fortalece el hígado
- Zanahorias: Los beta-carotenos disminuyen el riesgo de degeneración muscular
- Naranja: Estimulan a las células blancas a combatir infecciones
- Pimiento: Tiene efectos antioxidantes y anti bacteriales
- Batata: Ayuda al sistema inmune a volverse más fuerte

Ingredientes:

- Manzanas (doradas deliciosas) - 2 medianas 360g
- Remolachas - 2 remolachas 160g
- Zanahoria - 1 grande 70g

- Naranja (opcional) - 1 fruta 135g
- Pimiento (rojo dulce) - 1 mediano 115g
- Batata – 130g

¿Cómo prepararlo?:

- **Lave todos los ingredientes. Pelar si es necesario.**
- **Hágalos jugo todos juntos para una gran bebida.**

Cantidad total de calorías: 250

Vitaminas: Vitamina A 1211µg, Vitamina C 177.5mg, Vitamina B-6 0.735mg, Vitamina E 2.51mg, Vitamina K 18.1µg, Calcio 118mg, Hierro 2.31mg

Minerales: Cobre 0.35mg, Magnesio 85mg, Fósforo 167mg, Selenio 1.8µg, Zinc 1.15mg

35. Mezcla Natural

Los jugos siempre han sido una bebida deliciosa, pero son mucho más que eso, son una fuente de salud y, si se los hace apropiadamente con los ingredientes correctos, pueden proveer todas las vitaminas que su cuerpo necesita. Esta es una gran receta que tiene efectos de pérdida de grasa y ayuda al sistema inmune a formarse. Debería beberla en la mañana o en la noche después de cenar. Veamos qué grandes efectos tendrá en su cuerpo.

- Manzana: Contiene boro, para la fortaleza de los huesos

- Apio: Tiene nutrientes que protegen los ojos y previenen la degeneración de visión relacionada con la edad

- Pepino: Gran fuente de silicona, que mejora la salud de la piel

- Dientes de león: ayudan a reducir el estrés y el riesgo de cáncer

- Col Rizada: Provee un gran golpe nutricional con una cantidad de calorías baja

- Limón: Ayuda a incrementar la reducción de grasas

Ingredientes:

- Manzanas - 2 medianas 360g
- Apio - 2 tallos, medianos 80g
- Pepino - 1/2 pepino 150g
- Diente de León - 1 taza, trozado 55g
- Col Rizada - 3 hojas 105g
- Limón - 1/2 fruta 42g

¿Cómo prepararlo?:

- **Lave todos los ingredientes. Pelar si es necesario.**
- **Hágalos jugo todos juntos para una gran bebida.**

Cantidad total de calorías: 165

Vitaminas: Vitamina A 581µg, Vitamina C 133.2mg, Vitamina B-6 0.504mg, Vitamina E 2mg, Vitamina K 854µg, Calcio 238mg, Hierro 3.13mg

Minerales: Cobre 1.29mg, Magnesio 81mg, Fósforo 163mg, Selenio 1.4µg, Zinc 0.95mg

36. Jugo Sorpresa

La pérdida de grasa siempre ha sido asociada a recetas de jugos, porque tienen pocas calorías y los nutrientes se absorben más rápidamente por su cuerpo. Debería ser consumido 30-60 minutos antes de una comida, y los efectos deberían sentirse después de una semana. Aquí tiene algunos grandes beneficios de este jugo que seguramente mejore su condición de salud.

- Manzana: Protege las células cerebrales del daño de radicales libres

- Zanahoria: El consumo de beta-carotenos ha sido asociado a la reducción del riesgo de muchos cánceres

- Cilantro: Reduce la cantidad de grasas dañadas en las membranas celulares

- Col Verde: Rica fuente de nutrientes con propiedades anti cancerígenas

- Col Rizada: contiene sulforafano que ayuda a un sistema inmune saludable

- Pimiento: Tiene habilidades antioxidantes para neutralizar los radicales libres en el cuerpo

Ingredientes:

- Manzana - 1 mediana 180g
- Zanahorias - 3 medianas 180g
- Cilantro - 1 puñado 35g
- Col Verde - 1 taza, trozada 35g
- Col Rizada - 4 hojas (8-12") 140g
- Pimiento (rojo dulce) - 1 mediano 115g

¿Cómo prepararlo?:

- **Lave todos los ingredientes. Pelar si es necesario.**
- **Hágalos jugo todos juntos para una gran bebida.**

Cantidad total de calorías: 158

Vitaminas: Vitamina A 1832µg, Vitamina C 252.1mg, Vitamina B-6 0.812mg, Vitamina E 3.52mg, Vitamina K 898.1µg, Calcio 275mg, Hierro 2.86mg

Minerales: Cobre 1.61mg, Magnesio 90mg, Fósforo 187mg, Selenio 1.6µg, Zinc 1.28mg

37. Combinado de Brócoli

El "Combinado de Brócoli" es simple de preparar, debería beberlo en la mañana para cargarse de energía para el resto del día. Si puede beberlo cada dos días, será aún más beneficial. Tiene un alto porcentaje de vitamina C que hará más fuerte su sistema inmune y le dará fuerza para combatir cualquier problema de salud.

- Brócoli: Alto en hierro, nutriente importante para asegurar que los niveles de energía se mantengan altos
- Repollo: Ayuda a desintoxicar el cuerpo y mantener la presión sanguínea
- Col Rizada: Ayuda al funcionamiento apropiado de la Insulina y regula el azúcar en sangre

Ingredientes:

- Brócoli - 1 tallo 150g
- Repollo - 1/2 cabeza, mediana 450g
- Col Rizada - 4 hojas (8-12") 140g

¿Cómo prepararlo?:

- **Lave todos los ingredientes. Pelar si es necesario.**
- **Hágalos jugo todos juntos para una gran bebida.**

Cantidad total de calorías: 117

Vitaminas: Vitamina A 536µg, Vitamina C 328.1mg, Vitamina B-6 0.841mg, Vitamina E 1mg, Vitamina K 1038.6µg, Calcio 321mg, Hierro 3.68mg

Minerales: Cobre 1.571mg, Magnesio 102mg, Fósforo 241mg, Selenio 4.3µg, Zinc 1.41mg

38. Jengibre Tropical

Si planea en tener una dieta saludable y perder grasa, entonces esta receta debería estar también en el menú. "Jengibre tropical" está lleno de vitaminas y nutrientes que no solo beneficiarán a su cuerpo, sino que también incrementarán los niveles de energía a lo largo del día. Para esta receta necesitará los ingredientes listados y debería disfrutar este jugo en la noche.

- Jengibre: Previene el crecimiento de tumores cancerígenos, y puede ayudar a bajar la fiebre

- Col Rizada: Es una fuente rica de compuestos organosulfúricos que combaten muchos cánceres

- Mango: Contiene enzimas que ayudan a romper proteínas

- Naranja: Contiene hesperidina que baja la presión arterial alta

- Ananá: Disminuye el riesgo de la progresión de la degeneración muscular relacionada con la edad

Ingredientes:

- Raíz de Jengibre - 1/2 pulgar 10g

- Col Rizada - 4 hojas (8-12") 140g
- Mango - 1 fruta sin desperdicio 335g
- Naranja - 1 pequeña 95g
- Ananá - 1 taza en trozos 165g

¿Cómo prepararlo?:

- **Lave todos los ingredientes. Pelar si es necesario.**
- **Hágalos jugo todos juntos para una gran bebida.**

Cantidad total de calorías: 231

Vitaminas: Vitamina A 625µg, Vitamina C 294.2mg, Vitamina B-6 0.725mg, Vitamina E 2.24mg, Vitamina K 701.2µg, Calcio 215mg, Hierro 2.25mg

Minerales: Cobre 1.904mg, Magnesio 93mg, Fósforo 143mg, Selenio 2.5µg, Zinc 0.95mg

39. Rey del Limón

Las recetas de jugo son saludables y una forma moderna de mantenerse en forma, asegurándose de que su cuerpo obtenga todos los nutrientes, minerales y vitaminas importantes que necesita. Es mejor si se bebe en la mañana, o puede también reemplazar un bocadillo con él. Si lo bebe diariamente, sentirá los efectos en su cuerpo y su mente.

- Manzana: Reduce el colesterol y baja el riesgo de diabetes

- Apio: Regula el balance alcalino del cuerpo

- Col Rizada: Ayuda a mantener un sistema inmune saludable y tiene propiedades anti cancerígenas

- Limón: Previene problemas relacionados con la piel

- Espinaca: Genial para bajar la presión arterial, y limpia el sistema removiendo desechos acumulados.

Ingredientes:

- Manzanas (Granny Smith) - 4 medianas 725g

- Apio - 3 tallos, grandes 190g

- Col Rizada - 2 hojas (8-12") 70g

- Limón (pelado) - 1 fruta 58g
- Espinaca - 4 tazas 120g

¿Cómo prepararlo?:

- **Lave todos los ingredientes. Pelar si es necesario.**
- **Hágalos jugo todos juntos para una gran bebida.**

Cantidad total de calorías: 254

Vitaminas: Vitamina A 679µg, Vitamina C 131.4mg, Vitamina B-6 0.627mg, Vitamina E 3.03mg, Vitamina K 801.2µg, Calcio 251mg, Hierro 4.11mg

Minerales: Cobre 1.041mg, Magnesio 131mg, Fósforo 180mg, Selenio 2µg, Zinc 1.10mg

40. Mezcla Gigante

Uno de los mejores métodos para perder y bajar grasas es empezar el día con este delicioso jugo. Los pimientos ayudan a incrementar el metabolismo del cuerpo bajando los triglicéridos que son acumulados en nuestro cuerpo, y esto ayuda a quemar calorías más efectivamente. Aquí hay otros beneficios de esta receta.

- Pimienta de Cayena: bloquea la transmisión del dolor, ayudando a aliviar el dolor en cierto grado.

- Apio: Reduce la presión arterial alta

- Cilantro. Es muy bajo en calorías y no contiene colesterol

- Ajo: Reduce los triglicéridos en sangre y la formación de placas en arterias

- Cebolla: Por siglos, las cebollas se han utilizado para reducir la inflamación y curar infecciones

- Tomate: Tiene propiedades antioxidantes y mejora la función digestiva.

Ingredientes:

- Pimienta de cayena (especia) 0.20g

- Apio – 1 tallo, grande 63g
- Cilantro - 1 puñado 35g
- Ajo - 1 diente 3g
- Cebolla (de verdeo/cebollín) - 1 mediana 14g
- Pimiento (verde dulce) - 1 mediano 115g
- Sal (Himalaya) - 1 pizca 0.2g
- Tomate - 1 taza de tomates cherry 145g

¿Cómo prepararlo?:

- **Lave todos los ingredientes. Pelar si es necesario.**
- **Hágalos jugo todos juntos para una gran bebida.**

Cantidad total de calorías: 35

Vitaminas: Vitamina A 156µg, Vitamina C 91.5mg, Vitamina B-6 0.370mg, Vitamina E 1.65mg, Vitamina K 122.2µg, Calcio 63mg, Hierro 1.25mg

Minerales: Cobre 0.200mg, Magnesio 33mg, Fósforo 70mg, Selenio 0.7µg, Zinc 0.52mg

41. Jugo de La Abuelita

Si es un amante de los jugos, aquí tiene una receta genial para usted. Le ayudará a mejorar el metabolismo del cuerpo a incrementar la pérdida de grasa. Es mejor servirlo en la mañana o 30-60 minutos antes de una comida, o puede fácilmente reemplazar un bocadillo. Este jugo tiene un alto contenido de potasio y fósforo, que ayudan a liberar los síntomas de estrés. Así que, si tiene un mal día, puede relajarse y disfrutar de esta bebida, lo ayudará. Aquí hay otros grandes efectos:

- Manzana: Gran fuente de fibra sin muchas calorías

- Zanahoria: Muy rica en vitamina A, buena para mejorar la visión

- Pepino: Alivia el mal aliento y rehidrata el cuerpo

- Uvas: Reducen la habilidad de las células de almacenar grasas en 130 porciento, ayudando significativamente a perder grasas

- Pimiento: Estimula las células blancas para combatir infecciones, naturalmente creando un buen sistema inmune

- Espinaca: Las altas propiedades alcalinas la hacen perfecta para las personas que sufren inflamación, como osteoartritis

- Tomate: Mejora la salud del corazón al bajar la presión arterial

Ingredientes:

- Manzanas (verdes) - 2 medianas 355g
- Zanahorias - 3 mediana s180g
- Pepino - 1 pepino 300g
- Uvas (verdes) - 15 uvas 90g
- Pimiento (verde, dulce) - 1 mediano 115g
- Espinaca - 2 tazas 60g
- Tomate – 1 mediano entero 115g

¿Cómo prepararlo?:

- **Lave todos los ingredientes. Pelar si es necesario.**
- **Hágalos jugo todos juntos para una gran bebida.**

Cantidad total de calorías: 221

Vitaminas: Vitamina A 1325µg, Vitamina C 114.2mg, Vitamina B-6 0.701mg, Vitamina E 2.79mg, Vitamina K 270.1µg, Calcio 171mg, Hierro 2.9mg

Minerales: Cobre 0.429mg, Magnesio 112mg, Fósforo 185mg, Selenio 1.1mg, Zinc 1.31mg

42. Fuente de Minerales

Sin importar qué estilo de vida tenga, debería hacer tiempo para un jugo saludable que puede ser una fuente excelente de minerales y vitaminas. Si quiere reducir grasas, mejorar su salud, o solo sentirse mejor, un jugo natural puede hacerlo por usted. Es un verdadero amigo cuando se trata de mejorar la forma en que su cuerpo se ve, trabaja y siente, y el resultado definitivamente será uno positivo. Aquí tiene los beneficios de esta receta.

- Manzana: Una manzana por día reduce el riesgo de cáncer de mama en 16 porciento

- Remolacha: Muy saludable para la toxicidad del hígado o alimentos biliares como el envenenamiento por comidas o hepatitis

- Jengibre: Reduce la inflamación e inhibe la replicación del virus simple del herpes

- Limón: Agregar jugo de limón incrementará la reducción de grasas

- Ananá: Ayuda a combatir la formación de radicales libres, conocidos por generar cáncer

Ingredientes:

- Manzana - 1 mediana 180g
- Remolacha (dorada) - 1 remolacha 80g
- Raíz de Jengibre - 1 pulgar 24g
- Limón - 1/2 fruta 29g
- Ananá – 2 rodajas 332g
- Especia de Pastel de Calabaza (una pizca) - 1/4 cucharadita 0.42g

¿Cómo prepararlo?:
- **Lave todos los ingredientes. Pelar si es necesario.**
- **Hágalos jugo todos juntos para una gran bebida.**

Cantidad total de calorías: 179

Vitaminas: Vitamina A 11µg, Vitamina C 121.4mg, Vitamina B-6 0.385mg, Vitamina E 0.35mg, Vitamina K 4.5µg, Calcio 55mg, Hierro 1.53mg

Minerales: Cobre 0.36mg, Magnesio 56mg, Fósforo 64mg, Selenio 0.8µg, Zinc 0.60mg

43. Amigo de la Salud

Aquí tiene una gran receta y fácil de hacer que le dará increíbles resultados en la pérdida de grasas y le ayudará a obtener todos los nutrientes necesarios que su cuerpo necesita. Es una gran forma de ahorrar tiempo y maximizará su día. Puede reemplazar un bocadillo poco saludable con este jugo fácilmente. Aquí tiene los efectos de este jugo:

- Espárrago: Contiene potasio que es conocido por reducir grasas, y también es bajo en sodio natural y no tiene colesterol, lo cual ayuda cuando se intenta perder grasa.

- Apio: Tiene un alto contenido antioxidante, y un efecto antibacterial contra la salmonela

- Cilantro: Es un purificador de agua natural, y un nutriente natural que es requerido para la formación y mantenimiento de huesos fuertes

Ingredientes:

- Espárragos - 6 lanzas, medianas 95g

- Apio - 3 tallos, grandes 185g

- Cilantro - 1 puñado 32g

¿Cómo prepararlo?:

- **Lave todos los ingredientes. Pelar si es necesario.**

- **Hágalos jugo todos juntos para una gran bebida.**

Cantidad total de calorías: 20

Vitaminas: Vitamina A 131µg, Vitamina C 14.2mg, Vitamina B-6 0.185mg, Vitamina E 1.63mg, Vitamina K 139.1µg, Calcio 84mg, Hierro 2.09mg

Minerales: Cobre 0.218mg, Magnesio 28mg, Fósforo 75mg, Selenio 2.1µg, Zinc 0.63mg

44. Jugo Dulce

Se divertirá haciendo esta receta, es fácil de preparar y todos los ingredientes son deliciosos. Así que empecemos, intente servir este jugo al menos 30 a 60 minutos antes de su próxima comida. "Jugo Dulce" es una gran forma de acelerar la pérdida de grasas y mejorar su salud al mismo tiempo. Si está listo, podemos rever algunos de los beneficios que obtendrá con esta receta.

- Remolacha: Alta en carbohidratos, que significa es una fuente de energía instantánea, y útil ayudando a metabolizar grasas

- Zanahorias: Tienen una acción limpiadora sobre el hígado y baja los niveles de colesterol

- Batata: Contiene nutrientes antiinflamatorios

Ingredientes:

- Remolacha - 1 remolacha 80g
- Zanahorias - 3 medianas 181g
- Batata - 1/2 63g

¿Cómo prepararlo?:

- **Lave todos los ingredientes. Pelar si es necesario.**

- **Hágalos jugo todos juntos para una gran bebida.**

Cantidad total de calorías: 85

Vitaminas: Vitamina A 1386µg, Vitamina C 11.2mg, Vitamina B-6 0.30mg, Vitamina E 0.92mg, Vitamina K 17.4µg, Calcio 63mg, Hierro 1.10mg

Minerales: Cobre 0.165mg, Magnesio 39mg, Fósforo 87mg, Selenio 0.7µg, Zinc 0.61mg

45. Vida Pura

Traiga esta saludable receta a su vida, los efectos cambiarán la reducción de grasas de una forma positiva y fortalecerán su cuerpo. Puede beberlo en cualquier momento del día, solo asegúrese de hacerlo 30 a 60 minutos antes de una comida. Veamos qué tiene para ofrecerle.

- Melón Amargo: Contiene un químico que actúa como la insulina para ayudar a reducir los niveles de azúcar en sangre

- Granada: Funciona como un excelente supresor de apetito y también es beneficioso en el tratamiento de la fatiga

- Limón: Asiste en la curación de problemas respiratorios, y ayuda a incrementar la reducción de grasas

Ingredientes:

- Melón Amargo - 1 melón amargo 120g

- Granada - 1/2 grande 165g

- Limón (con cáscara) - 1 fruta 80g

¿Cómo prepararlo?:

- **Lave todos los ingredientes. Pelar si es necesario.**
- **Hágalos jugo todos juntos para una gran bebida.**

Cantidad total de calorías: 45

Vitaminas: Vitamina A 73µg, Vitamina C 142mg, Vitamina B-6 0.131mg, Vitamina E 0.23mg, Folato 80µg, Calcio 45mg, Hierro 0.81mg

Minerales: Cobre 0.102mg, Magnesio 27mg, Fósforo 43mg, Selenio 0.7µg, Zinc 0.80mg

46. Tiempo de Vitamina

Todos queremos ser saludables, pero la mayoría del tiempo nos olvidamos que tenemos que actuar responsablemente para lograrlo. Las recetas de jugos son una forma excelente de resolver este problema. Un par de minutos por día y obtendrá un gran afluente de vitaminas y minerales. "Tiempo de vitamina" es fiel a su descripción y veamos qué tiene para ofrecer.

- Manzanas: Contienen pectina, que baja el colesterol

- Zanahorias: Eliminan el exceso de fluidos del cuerpo y reducen el riesgo de infarto

- Jengibre: Ayuda a digerir las comidas grasas y romper proteínas, ayudando a reducir grasas

- Limón: Inhibe el desarrollo de cáncer, e incrementa la reducción de grasas

Ingredientes:

- Manzana - 1 mediana 180g

- Zanahorias - 8 medianas 485g

- Raíz de Jengibre - 1 pulgar 22g

- Limón - 1 fruta 82g

¿Cómo prepararlo?:

- **Lave todos los ingredientes. Pelar si es necesario.**

- **Hágalos jugo todos juntos para una gran bebida.**

Cantidad total de calorías: 165

Vitaminas: Vitamina A 2851µg, Vitamina C 56mg, Vitamina B-6 0.589mg, Vitamina E 2.50mg, Vitamina K 46.8µg, Calcio 132mg, Hierro 1.61mg

Minerales: Cobre 0.242mg, Magnesio 58mg, Fósforo 145mg, Selenio 0.6µg, Zinc 0.94mg

47. ABC Sabroso

Esta receta es mejor si se sirve en la mañana porque es una gran forma de darle a su cuerpo un impulso de energía, y también mantendrá su mente enfocada y activa por el resto del día. Si está buscando algo para ayudarlo con los beneficios mencionados antes, o simplemente busca esa receta que ayuda a reducir grasas, debería probar ésta. Aquí tiene otros beneficios que tiene para ofrecer.

- Manzana: Impulsa el sistema inmune y ayuda desintoxicar su hígado

- Remolacha: Baja la presión sanguínea, es muy rica en fibra y es una gran fuente de betaína, un nutriente que ayuda a proteger las células

- Zanahorias: previenen enfermedades cardíacas y limpian el cuerpo

Ingredientes:

- Manzana - 1 mediana 180g

- Remolacha - 1 remolacha 80g

- Zanahorias - 2 grandes 141g

¿Cómo prepararlo?:

- **Lave todos los ingredientes. Pelar si es necesario.**
- **Hágalos jugo todos juntos para una gran bebida.**

Cantidad total de calorías: 95

Vitaminas: Vitamina A 837µg. Vitamina C 13.5mg, Vitamina B-6 0.21mg, Vitamina E 0.88mg, Vitamina K 16.1µg, Calcio 49mg, Hierro 0.90mg

Minerales: Cobre 0.121mg, Magnesio 31mg, Fósforo 71mg, Selenio 0.4µg, Zinc 0.47mg

48. Delicia en Tres

"Delicia en Tres" es una simple receta que puede ser servida a la familia entera, solo asegúrese de hacerlo 30 a 60 minutos antes de una comida. Siéntase libre de probarla y ver los resultados: sólo le traerá resultados positivos a su vida, su salud y la forma en que se ve su cuerpo. Veamos cómo prepararlo y qué proveerá.

- Manzana: Incrementa la densidad ósea, impulsa el sistema inmune y baja el colesterol
- Remolacha: Regenera y reactiva las células rojas, y brinda oxígeno fresco al cuerpo
- Batata: Juega un rol importante en nuestros niveles de energía, humor, corazón, nervios, piel y dientes.

Ingredientes:

- Manzanas - 2 medianas 360g
- Remolacha - 1 remolacha 80g
- Batata - 135g

¿Cómo prepararlo?:

- **Lave todos los ingredientes. Pelar si es necesario.**
- **Hágalos jugo todos juntos para una gran bebida.**

Cantidad total de calorías: 175

Vitaminas: Vitamina A 643µg, Vitamina C 16.5mg, Vitamina B-6 0.331mg, Vitamina E 0.71mg, Vitamina K 7.3µg, Calcio 51mg, Hierro 1.31mg

Minerales: Cobre 0.247mg, Magnesio 48mg, Fósforo 92mg, Selenio 0.8µg, Zinc 0.56mg

49. Sabor Nocturno

No más excusas cuando se trata de perder grasas. "Sabor Nocturno" es una gran receta que es perfecta para el trabajo. Debería beberla en la mañana para obtener el máximo de ella por el resto del día. No le llevará más de 5 minutos prepararla, y obtendrá grandes resultados. Vea qué le espera.

- Remolacha:
- Zanahoria:
- Apio:
- Pepino:
- Pera:
- Jengibre:

Ingredientes:

- Remolacha (dorada) – 1 remolacha 80g
- Zanahorias - 3 grandes 215g
- Apio - 4 tallos, grandes 255g
- Pepino - 1/2 pepino 150g

- Raíz de Jengibre - 1/2 pulgar 11g

- Pera (bosc) - 1 mediana 174g

¿Cómo prepararlo?:

- **Lave todos los ingredientes. Pelar si es necesario.**

- **Hágalos jugo todos juntos para una gran bebida.**

Cantidad total de calorías: 147

Vitaminas: Vitamina A 1304µg, Vitamina C 25mg, Vitamina B-6 0.462mg, Vitamina E 1.66mg, Vitamina K 1.82mg, Calcio 158mg, Hierro 1.73mg

Minerales: Cobre 0.334mg, Magnesio 75mg, Fósforo 161mg, Selenio 1.7µg, Zinc 1.15mg

50. Tiempo de Vegetales

Aquí tiene una gran receta de jugo que debe probar. Si está en una dieta o quiere tener un cuerpo más saludable, esto lo ayudará. Es fácil de preparar y debería beberla en la mañana como un bocadillo extra. Los ingredientes tienen alto contenido de nutrientes importantes y bajas calorías, así que ayudará a acelerar su progreso. Veamos qué beneficios le esperan.

- Remolacha: Combaten la inflamación y bajan la presión arterial

- Zanahorias: Gran fuente de beta-carotenos que reducen el riesgo de cáncer

- Apio: Reduce el colesterol y regula el balance alcalino

- Perejil: Excelente purificador y creador de sangre

- Pimienta: Tiene efectos antibacteriales y antioxidantes

- Radicheta: Gran forma de satisfacer el hambre y mantener una ingesta de calorías baja

- Tomates: El contenido de fibra, potasio, Vitamina C y colina ayudan con la salud del corazón

Ingredientes:

- Remolacha – 1 remolacha 81g
- Zanahorias - 2 medianas 121g
- Apio - 2 tallos, grandes 125g
- Perejil - 4 puñados 160g
- Pimiento (jalapeño, sin semillas) - 1 pimiento 13g
- Radicheta - 12 mediana 50g
- Tomates - 4 tomates ciruela 246g

¿Cómo prepararlo?:

- **Lave todos los ingredientes. Pelar si es necesario.**
- **Hágalos jugo todos juntos para una gran bebida.**

Cantidad total de calorías: 100

Vitaminas: Vitamina A 1273µg, Vitamina C 200.4mg, Vitamina B-6 0.51mg, Vitamina E 2.92mg, Vitamina K 1890.3µg, Calcio 254mg, Hierro 8.45mg

Minerales: Cobre 0.403mg, Magnesio 113mg, Fósforo 190mg, Selenio 1.1µg, Zinc 2.11mg

OTROS GRANDES TÍTULOS DE ESTE AUTOR

50 Recetas de Jugos para Perder Peso para Limpiar El Cuerpo: Pierda Peso Rápido Antes de Su Boda, Fiesta o Evento Especial

50 Recetas de Jugos Para Bajar Su Presión Sanguínea: Una Forma Fácil de Reducir La Presión Sanguínea Alta

35 Recetas de Comidas para Diabéticos: La Forma Más Deliciosa de Mantenerse Saludable

www.ingramcontent.com/pod-product-compliance
Lightning Source LLC
Chambersburg PA
CBHW070125080526
44586CB00015B/1555